영어머리 공부법

쉽고 재밌게
영어를 내 것으로 만드는
41가지 방법

영어
머리
공부법

김성은 지음

프롬북스
frombooks

내 머릿속에 영어엔진을 달자!

내가 영어공부를 시작한 이유는 단순하다. 멋있게 보이고 싶어서! 지금도 마찬가지다. 요즘도 가끔 기분 내고 싶으면 일단 영어 원서를 들고 카페로 간다. 그리고 누가 나 좀 봐줬으면 하고 주위를 의식하면서 책을 펼친다. 자존감이 올라간다. 지나가는 사람들이 모두 나를 쳐다보는 것 같다. 그래, 인정한다. 나 문제 있다. 그런데 솔직히 이런 마음 누구나 다 있지 않나?

읽는 척하는 게 아니라 실제로 막힘없이 영어 원서를 읽기까지는 생각보다 시간이 오래 걸렸다. 영어공부법 책도 많이 읽었고, 그 책들이 소개하는 방법들을 직접 따라 해보기도 했다. 누구는 영

화를 주구장창 보면 실력이 는다고 하고, 누구는 영어뉴스를 300
시간 들으면 귀가 뚫린다고 했다. 유명한 방법들은 거의 다 시도해
본 것 같다. 안구건조증이 심해 눈에 인공눈물약을 매일 쏟아부으
면서 같은 영화를 반복해서 봤다. 단파라디오를 구해 음질도 나쁜
영어뉴스를 300시간 듣는 고문을 해보기도 했다. 나에게도 영어
가 모국어처럼 들리는 날이 오기를 희망하면서……. 그러나 그 책
에서 저자가 주장한 대로 300시간을 다 채워도 영어가 모국어처
럼 들리지는 않았다.

 학창시절에 나는 영어공부를 열심히 했다. 결과도 좋았다. 중고
등학교 시절 영어 성적은 거의 100점이었고, 수능영어도 100점. 토
익도 900점 이상이다. 솔직히 훌륭한 편이었다. 선생님도 칭찬해
주셨고, 아이들도 부러워했다. 그러나 난 알고 있었다. 남들에게
높은 시험 점수를 보이며 영어 좀 한다고 자랑은 하지만 나의 '진
짜 영어'는 사실 별것 아니라는 것을. 분명 무언가 잘못된 것 같은
데 그게 정확히 무엇인지 잘 몰랐다. 원서 한 권도 제대로 읽지 못
했고, 영어 방송을 보고 들으면서 이해하는 것은 아예 생각조차 하
지 못했다. 할리우드 영화를 보면 한마디도 알아듣지 못했다. 그럼
에도 모국어가 아닌 이상 어쩔 수 없다고 생각했다.

 이 책은 내가 영어를 공부하면서 겪었던 시행착오의 기록으로,

역시 나처럼 영어공부를 하면서 수많은 시행착오를 경험하게 될 사람들의 실수와 실패를 줄여주고자 썼다. 시험영어는 백점이면서 외국에 나가서는 입 한번 뻥긋 못 하고, 원서 한 줄 읽는 데 5분이 넘게 걸리는 나의 후배들을 위해서 이 글을 썼다. 남들에 비해 기억력도 나쁘고, 열등감에 똘똘 뭉쳤으며, 자신의 부족한 실력을 나라 탓, 교육 탓, 심지어 부모님 탓으로(정말 한심하다) 돌리며 원망만 했던 바보 같은 선배가 후배들에게 하는 충고다. 하지만 내가 극복한 것처럼 당신도 할 수 있다.

나는 이 책에서 거짓 환상 대신 영어를 효과적으로 공부하는 실질적인 방법과 솔직한 한계를 기술할 것이다. "적을 알고 나를 알면 백전백승"이라고 하지 않던가. 다른 많은 영어공부법 책들이 말하는 것처럼 2~3개월에는 어려울지 몰라도 꾸준히 하면 점진적으로 영어도사가 되는 방법을 알려줄 것이다.

영어는 기본적으로 '도구'일 뿐 그것 자체가 목적이 될 수는 없다. 누구에게는 좋은 성적으로 좋은 대학에 들어가게 해주는 도구가 될 수 있고, 누구에게는 외국인 친구를 사귀는 데 필요한 도구가 될 수 있고, 누구에게는 비즈니스를 위한 도구가 될 수 있다. 시중에는 이미 영어공부법에 대한 책들이 많이 나와 있다. 그럼에도 당신이 이 책을 읽고 있다는 것은 영어에 대한 관심과 영어를 잘하고 싶은 마음이 크기 때문일 것이다. 영어를 배우면서, 영어로 업무를 하면서, 학생들에게 영어를 가르치면서, 그리고 학생들 못지않게 영어에 대한 열망과 좌절을 경험했을 학부모들과 상담하면서 배우고 느낀 점들을 이 책에 담았다.

가끔 학생들이 부러울 때가 있다. 그들은 내가 수많은 시행착오 끝에 터득한 영어공부 노하우를 배울 수 있기 때문이다. 이 책을 통해 영어의 기본을 쌓는 데 많은 시간을 아낄 수 있을 것이다. 당신의 영어공부가 성공적으로 마무리되기를 빌어본다.

◦ 차례 ◦

2장 쉬운 책부터 읽어보자

3장 단어 암기에서 독해와 시험까지

1장

영어공부에
나쁜 머리는 없다

≫— 1 —→
결정적 순간으로
작심삼일을 이겨라

"In that instant, for no reason and on no grounds whatsoever, the thought suddenly struck me: I think I can write a novel(바로 그 순간, 어떤 이유도 배경도 없이 머릿속에 한 가지 생각이 떠올랐다. '이제 소설을 쓰면 되겠다'고)."

_무라카미 하루키

야구장에 간 무라카미 하루키는 딱! 하고 강속구를 때리는 안타의 경쾌한 소리를 듣고 소설가가 되겠다는 결심을 했다고 한다. 당신에게도 이런 순간이 있는가? 지금까지 살아오면서 '삶을 흔드는 순간at this moment'을 경험해본 적이 있는가? 한번 생각해보자. 어제 있었던 일이 생생한지, 작년에 있었던 생일파티가 생생한지. 생일날 너무나도 갖고 싶었던 무언가를 선물로 받았다면 더더욱 그 순간을 잊지 못할 것이다. 여기서 시간이 얼마나 흘렀는지는 문제가 되지 않는다. 삶을 흔드는 순간은 기억 속에, 뇌 속에 깊이 각인되기 때문이다.

그런 순간들은 대개 통제할 수 없는 운에 기대는 경우가 많다. 어떤 연예인은 자동차 접촉사고로 만난 상대와 결혼까지 했다고 한다. 가족이나 친구의 갑작스러운 죽음으로 하루아침에 일상이 통째로 흔들리기도 한다. 이런 불가항력적인 순간들을 맞으면 숙명 또는 행운이란 것이 정말 있는 게 아닐까, 어쩌면 어떤 위대한 힘이 정말 존재해서 나의 인생에 개입하고 있는 게 아닐까 하고 생각하게 된다. 그러면서 그런 드라마틱한 경험을 (좋은 쪽으로) 자주 갖기를, 모든 것이 일순간에 바뀌기를 기대한다. 영어에 있어서도 그러길 바랄 것이다. 마법과도 같은 비법을 손에 넣어 나의 보잘것없는 영어 실력이 한순간에 완전히 바뀌기를, 그런 놀라운 순간이 오기를 희망한다.

영어공부에 있어서 나는 운이 좋은 편이었다. 항공사에서 근무하셨던 어머니와 아버지 덕분에 영어를 비교적 어린 나이에 접했을 뿐만 아니라 영어에 대한 좋은 태도를 일찍이 가질 수 있었기 때문이다. 그리고 영어공부를 포기하지 않고 지속할 수 있게 해주는 순간들도 계속 이어졌다. 행운이었음을 부정할 수 없다. 손을 놓을 만하면 결정적 순간들이 미리 계획된 것처럼 이어져서 영어를 포기하지 않도록 해주었다.

그렇다면 '운'이라 할 수 있는 그런 놀라운 순간들이 없는 경우에는 어떻게 해야 할까? 그저 손놓고 있어야 할까? 언제 올지 모를 그 순간을 기다리며 무력하게 시간만 보내고 있어야 할까?

작심삼일作心三日. 마음먹은 것이 3일을 못 넘긴다는 말이다. 새해가 되면 많은 사람들이 결심을 한다. 단골 리스트에는 대개 영어가 있다. 그러나 결심과 계획은 안타깝게도 3일이 넘어갈 즈음 흐지부지하게 된다. 새해 계획에서 영어와 쌍벽을 이루는 건강이나 다이어트도 참 어렵다. 다이어트를 해본 사람은 잘 알고 있을 것이다.

작심삼일의 반대는 초지일관初志一貫이다. 처음에 세운 뜻을 우직하게 끝까지 밀고나간다는 뜻이다. 그렇다면 이번만큼은 포기하지 않고 나의 한계선을, 그러니까 임계점을 넘는 데 성공하기 위해서는 어떻게 해야 할까?

발상을 전환해보자. 아무리 소박한 계획과 결심이라도 첫날의 순간, 첫날의 약속은 강렬하다. 작심삼일로 그칠 때가 많지만, 적어도 처음의 마음가짐은 진실하다. 당신 역시 그 순간만큼은 자신의 삶을 흔드는 '결정적 순간'이 되기를 희망하면서 누가 시키지 않아도 새해 소망에 영어를 비장하게 올려놓았을 것이다.

　우리는 삶을 흔드는 결정적 순간을 직접 통제할 수 있다. 학창시절에, 그러니까 초중고 혹은 대학교 때의 추억을 떠올려보면 대부분 입학 초반의 경험이 가장 강렬하게 느껴질 것이다. 실제로 대학 졸업생들을 대상으로 이루어진 실험을 보면, 약 40퍼센트가 입학 초반의 기억이 가장 선명하다고 응답했다. 새롭게 마음을 다잡는 그 순간들을 의도적으로 만들어낼 수만 있다면, 입학 초반의 강렬한 경험들처럼 매번 영어가 새롭게 느껴지게 만들 수만 있다면 당신도 포기하지 않고 계속 영어공부를 할 수 있을 것이다.

2

당신의 레벨은
현재 2입니다

　영어공부가 거듭 작심삼일로 끝났다면, 결심이 약해지는 3일째마다 내가 나아간 정도를 확인할 수 있도록 이정표를 만들어보자. 의지박약으로 포기하기 직전마다 나만의 영어 이정표를 만들어보는 것이다. 이정표는 다시 새롭게 마음을 먹게 해주는 '결정적 순간'의 역할을 해준다.

　게임을 예로 들어보자. 아이들이 게임에 빠지는 이유는 게임 자체의 재미에도 분명 있겠지만, 게임만이 가지는 고유의 레벨업 시스템 때문이기도 하다. 레벨 1에서는 겨우 민둥민둥한 옷차림에 멋

없는 캐릭터를 가지고 있다. 무기도 보잘 것 없어서 간신히 개미 몇 마리 죽일 수 있다. 어디 가서 이 게임을 한다고 말하기도 부끄럽다. 친구들에게 비웃음만 살 뿐이다. 그러나 레벨이 점점 올라가면서 늑대도 잡을 수 있게 되고, 말을 타고 가며 멧돼지도 사냥할 수 있다. 게임을 하는 유저의 자존감도 함께 올라간다. 레벨이 더 올라가면 덩치 큰 무시무시한 드래곤도 잡는다.

수업을 하는데 한 아이가 말했다.

"선생님, 철수는 티어(레벨)가 다이어몬드예요!"

"그게 높은 거니?"

"네, 상위 0.37퍼센트예요"

나는 궁금해서 철수에게 물었다.

"철수야, 너는 지금까지 게임을 얼마나 했어?"

"한 4,000시간 될 걸요?"

어머니가 아시면 적잖이 충격 받을 이야기다. 철수는 중학교 3학년 학생이었다. 리그 오브 레전드라는 게임을 4,000시간 넘게 했다고 한다. 세계에서 가장 인기 있는 게임 중 하나인 그 게임은 엔딩이 없다. 엔딩 없는 게임에 왜 그토록 열광할까? 어릴 때 내가 많이 했던 게임 젤러그나 페르시아 왕자도 엔딩을 본 친구가 내 주변에는 없었다. 그래도 우리는 게임을 즐겼고, 지금의 아이들과 성인들도 이런 게임들을 여전히 즐긴다. 게임에는 나의 능력을 확인할 수 있는 이정표, 티가 확실히 나는 레벨이 있기 때문이다.

당신의 현재 레벨은 2입니다.

우리는 최종 목표에만 너무 집중한 나머지 중간 목적지에 대해서는 생각하지 않는 경향이 있다. 새해가 되면 '올해에는 영어공부를 제대로 해봐야지' 굳게 선언하고 이리저리 학원을 알아본다. 열정적으로 상담도 받아보고 학원 등록까지 한다. 문구점에 가서 멋진 노트도 하나 산다. 내게 딱 맞는 필기구도 고른다. 그러나 이래저래 공부는 흐지부지되고, 찝찝한 뒤끝만 남긴 채 하루하루가 계속 흘러간다.

친구들이 끊임없이 카톡으로 연락을 해온다. 나의 부족한 의지를 확인하며 의기소침해지려고 하는 찰나, 그런 친구들을 보면서 위로를 받는다.

'저 친구들도 안 하는데 나는 해서 뭐해?'

그러다가 연예인이 방송에 나와 영어로 유창하게 말하는 것을 보고는 '아 맞다. 나 영어공부한다고 했지. 마음잡고 다시 영어공부를 해야겠어' 하고 중얼거린다. 안타깝게도 여기에는 우리를 몰입하게 만드는 레벨이 없다.

작심삼일을 반복한다면 이제 3일째마다 내가 어느 정도 레벨인지 확인하는 '첫날의 순간'을 만들어보자. 레벨을 볼 때마다 내가 어느 정도 성장했는지 확인할 수 있다. 그러면 계속 진행할 수 있다. 게임처럼 매일 내 진짜 캐릭터를 만들어나갈 수 있다. 영어라는 최고의 핫 아이템을 가진, 남들이 탐내는 진짜 현실 속의 멋진 캐릭터를 만들어낼 수 있다. 그러면 게임에서 몸값이 오르듯 현실에서도 내 몸값이 오르는 경험을 하게 될 것이다.

3

한국사람에게 영어는
원래 어려운 법

"넌 영어를 어떻게 공부했어?"

회사에서 내가 영어로 프레젠테이션을 하는 것을 보고 한 선배가 물어왔다.

"아 저는 딱히 한 건 없는데요……."

내가 머리를 긁적거리자, 선배는 다시 물었다.

"어학연수는 얼마나 다녀왔는데?"

"어학연수도 간 적 없어요."

"그래도 외국에서 어느 정도는 살았을 것 아니야?"

"전혀 그런 경험이 없는데요."

"응? 전혀 없다고? 근데 어떻게 영어를 잘해?"

내 주변에는 영포자가 많다. 10년을 넘게 배웠는데도 영어 한마디를 못 한다며 이 모든 문제를 한국의 교육 시스템 탓으로 돌린다. 일정 부분은 사실이다. 학교 영어는 아무래도 말하기와 쓰기, 그리고 듣기가 소홀하다.

나아가 학교교육 시스템에는 경쟁과 변별이라는 요소가 있다. 영어는 입시에서 매우 중요한 과목이며, 영어시험은 학생들을 변별하기 위해 난이도를 어렵게 가지고 갈 수밖에 없다. 우스갯소리로 "외국인도 못 푸는 수능문제"라 하지 않던가. 그런 교육 시스템 속에서 우리는 영어를 '시험용'으로 공부했다. 뒤에서 다시 다루겠지만, 시험용으로 공부했다고 해서 영어를 못한다는 말은 절대 아니다. 그러나 그 시작을 시험에 맞추어 부담스럽게 공부했다는 것은 부인할 수 없는 사실이다.

하지만 솔직해질 필요가 있다. 우리가 영어를 못하는 것은 정말 학교교육 시스템 때문일까?

결론부터 말하자면, 원래 한국인에게 영어는 어렵다. 다음 표는 미국외국어교육위원회에서 외국어를 배울 때 난이도와 능숙해지는 데 필요한 시간을 나타낸 표이다.

카테고리 1: 23–24주(575–600시간)	
영어와 거의 유사한 언어	
Afrikaans	Norwegian
Danish	Portuquese
Dutch	Romanian
French	Spanish
Italian	Swedish

카테고리 2: 30주(750시간)	
영어와 비슷한 언어	
German	

카테고리 3: 36주(900시간)	
영어와 언어학적 그리고/또는 문화적 차이가 있는 언어	
Indonesian	Swahili
Malaysian	

카테고리 4: 44주(1100시간)	
영어와 언어학적 그리고/또는 문화적 차이가 심한 언어	
Albanian	Lithuanian
Amharic	Macedonian
Armenian	*Mongolian
Azerbaijani	Nepali
Bengali	Pashto
Bosnian	Persian (Dari, Farsi, Tajik)
Bulgarian	Polish
Burmese	Russian
Croatian	Serbian
*Estonian	Sinhala
*Finnish	Slovak
*Georgian	Slovenian

Greek	Tagalog
Hebrew	*Thai
Hindi	Turkish
*Hurngarian	Ukrainian
Icelandic	Urdu
Khmer	Uzb다
Lao	*Vietnamese
Latvian	Xhosa
	Zulu

카테고리 5 : 88주(2200시간)
영어 원어민에게 유난히 어려운 언어

Arabic	*Japanese
Cantonese (Chinese)	Korean
Mandarin (Chinese)	

* 같은 범주에 있는 다른 언어들보다 배우기가 더 어렵다.

미국인들도 우리처럼 다른 나라 언어를 배우는 데 스트레스를 받는다. 표의 위쪽에 있는 언어일수록 영어와의 유사성이 높아서 배우기 쉽고(미국인의 입장에서), 아래로 갈수록 배우기가 힘들다. 우리나라와 일본어는 미국인들이 배우기 가장 어려워하는 언어 중 하나다. 문장 어순도 다르고, 언어 생성원리도 다르다. 그러니까 원래부터 생긴 구조가 다른 것이다.

피차일반으로, 영어 역시 한국인들이 배우기에 어려운 언어라는 얘기다. 그럴 가능성은 없지만, 만약 일본어가 우리의 정규교육과정에서 제1외국어였다면, 지금 영어에 쓰는 정도의 노력과 시간,

그리고 돈을 투자하지 않았어도 될 것이다.

'1만 시간의 법칙'이라는 이론이 있다. 어떤 분야의 전문가가 되기 위해서는 적어도 1만 시간의 훈련이 필요하다는 것이다. 우리나라 사람들은 초등학교를 제외하고 중학교 3년, 고등학교 3년, 대학교 4년, 총 10년 이상 영어공부를 하지만 그만큼 실력이 좋은 편은 아니다. 하지만 냉정히 말해서 10년간 하루도 안 빠지고 한 시간씩 공부했다고 해도 3,650시간밖에 되지 않는다. 게다가 주말 빼고 이것저것 빼면 그 시간은 더 미치지 못한다.

중고등학교 시절 우리는 영어처럼 수학과 국어도 열심히 공부했다. 영어학원처럼 수학학원, 국어학원도 부지런히 다녔다. 그럼 지금 우리가 수학을 아주 잘하는가? 국어를 아주 잘하는가? 대부분이 그렇지 않을 것이다.

우리나라의 학교교육 시스템상, 그리고 대학입시와 교과시험 과목으로 영어가 존재하는 이상, 우리는 시험영어를 절대 포기할 수 없다. 그런데 시험영어는 문법과 독해 위주이다. 현실적으로 말하기와 쓰기는 시험을 치르는 데 비용도 많이 들고, 학생들이 훈련도 안 되어 있다. 그 때문에 우리는 영어를 공부하는 동안 말하기와 쓰기에 소홀할 수밖에 없다.

피아노 연주를 잘하고 싶은 사람이 이론만 공부한다면 과연 피아노를 잘 칠 수 있을까? 실기 연습은 하지 않으면서 피아노를 멋

들어지게 치고 싶어 하는 욕심처럼, 학교 다닐 때 말하기 연습이 전혀 안 되어 있으면서 유창하게 말하기를 꿈꾸는 것은 욕심이다.

우리가 왜 영포자가 되었는지 이제 이유가 분명해졌다. 첫째, 영어 자체가 일단 한국인에게 어려운 언어이고, 둘째, 영어를 공부하는 시간이 절대적으로 부족했으며, 셋째, 말하기 연습이 소홀했다. 이렇게 볼 때 너무 학교 탓만 하는 것은 공평하지가 않다.

그렇다면 영어를 단기간에 쉽게 정복하는 방법이 있을까? 설령 3개월에 마스터하고, 6개월 만에 입이 터지는 방법이 있다 해도 그게 답일까? 영어를 쉽게 공부하는 방법은 분명 있다. 그러나 영어를 단기간에 마스터하는 방법은 없다. 더이상 영어 사기꾼들에게 돈을 쓰지 말자. 자신에게 필요한 부분을 전략적으로 공부하면서 실력을 쌓아가자. 생각보다 오래 걸리지 않을 것이다.

4

나만의
동기부여가 있는가?

 내가 영어를 처음 접한 것은 유치원을 다니던 일곱 살 때다. 부모님은 평범하신 분들이었는데 학교를 졸업하고 직장생활을 하시다가 만나 결혼을 하셨다. 결혼 후 어머니는 직장을 그만두셨다.

 88서울올림픽으로 온 나라가 시끌시끌하고 '국제화', '세계화' 구호가 난무하면서 모두 영어에 관심을 쏟고 있었다. 택시기사들도 외국인 승객을 태울 줄 모른다면서 '올림픽 영어'를 배웠다. 집집마다 영어 테이프가 한두 개씩은 굴러다녔으며, 회화 교재가 구비되어 있었다.

아버지의 꿈은 만화가였다. 한때는 유명 만화가의 문하생으로 있기도 했다. 할아버지의 반대로 그 꿈은 무산됐지만, 덕분에 나는 만화를 보는 것에 있어서만큼은 아버지의 잔소리를 듣지 않아도 됐다. 아버지는 직업 특성상 외국 출장이 잦았는데 외국에 다녀오실 때마다 국내에서 구하기 어려운 디즈니 만화 비디오테이프를 사오셨다. 동생과 나는 그 테이프가 늘어날 때까지 반복해서 보고 또 봤다.

지금이야 디즈니 만화가 텔레비전에서도 나오고 DVD나 여러 스트리밍 서비스를 통해서 접하기가 쉽지만 인터넷도 없고 비디오테이프를 빌려 영화를 보던 당시에는 무엇이든 구하기가 쉽지 않았다.

미키 마우스, 도널드 덕, 로빈 후드……. 한글 자막도 없어서 정확히 무슨 내용인지는 이해하기 힘들었다. 그래도 캐릭터들의 표정과 상황으로 어렴풋이 이해했던 것 같다. 그때 들었던 영어가 지금 정확히 기억나지는 않지만 억양은 어렴풋이 머릿속에 남아 있다. 돌이켜보면, 문자가 아닌 소리와 이미지로 먼저 접근한 것이 영어를 시작하는 좋은 접근법이었다고 생각한다. 나는 한국어보다 억양이 풍부한 만화 속 그들의 소리를 동생과 흉내 내면서 재미있게 놀았다.

"엄마, 도날드가 우**왕**우**왕** 말해."

한국어는 억양이 일정한 반면, 영어는 마치 복식호흡을 하듯 배 안에서 나오는 소리가 많다. 나는 비디오테이프를 보면서 영어의 억양과 음조에 자연스럽게 노출되었다.

초등학교에 입학하고는 아톰, 마징가, 건담 로봇이 나오는 일본 애니메이션으로 관심이 옮겨가 한동안 디즈니 만화를 잊고 살았고, 자연스레 영어와도 접촉이 끊겼다. 이 시기에 일본어를 공부했으면 아마 꽤 높은 수준이 되었을 텐데 아쉽다.

초등학교 4학년 때부터 '윤○○영어'라는 학습지를 시작했다. 일주일 분량의 교재를 받은 뒤 주로 미국 동요로 공부하는 방식이었다. 그렇게 노래로 공부하면 다음 날 아침 담당선생님과 전화통화를 하면서 제대로 학습했는지 확인을 받았다.

솔직히 아침 일찍 일어나 선생님의 전화를 받는 것은 정말 고역이었다. 몇 번은 공부를 아예 안 해서 어머니께서 영어단어 밑에 한글로 일일이 발음을 적어주셨고, 나는 눈을 비비면서 그 소리를 꾸역꾸역 읽었다.

"일어나!"

"아 좀만 더 잘게."

"선생님 기다리고 계신다. 빨리 받아!"

난 양치도 하지 않고 전화를 받았다. 그렇게 아침마다 매번 전쟁을 치르면서 영어를 했다. 억지로 하는 것치고는 꽤 오래 했지만, 그 이유는 분명 영어가 재미있어서는 아니었다.

학습지로 영어를 공부하는 동안에 우연히 학교에서 장기자랑을 할 기회가 있었다. 나는 다른 친구들보다 더 특별하게 보이고 싶은 욕심에 학습지에서 배운 영어동요를 불렀고, 그것이 반 친구들 사이에서 빅 히트를 쳤다.

"올 맥도날 해더 팜 이야이야오~ 앤 온 댓 팜 히 해드 섬 칙스 이야이야오~"

"우와~ 성은아. 너 영어로 노래도 할 줄 알아? 너 영어천재다!"

사실 같은 반 친구들도 나도 그 영어 가사가 무슨 뜻인지 몰랐다. 장기자랑으로 영어동요를 부르다니! 지금 생각해보면 손발이 오글거린다. 뜻도 모르면서 들리는 소리를 일일이 한글로 옮겨 적어 노래를 외워 불렀다. 그러나 그렇게 영어동요를 부르니 친구들이 좋아해줬고, 선생님의 칭찬이 나에게 영어에 대한 '좋은 인상'을 가지게 해주었다. 그리고 이는 이후에 내가 영어공부를 손에 놓지 않게 해주는 계기가 되었다.

영어를 통해 친구들에게 특별하게 보이고 싶은 마음, 그것은 내게 좋은 동기부여Motivation가 되었다. 조승연의 『공부기술』을 보면 '공부'라는 것 자체가 유럽에서 부유층이 즐기던 '레저(놀이)'였다고 한다. 150년 전 하고 싶은 것은 무엇이든지 할 수 있는 권리가 있던 귀족들이 공부를 가장 사치스러운 레저로 선택했다는 것은 사실 공부가 얼마나 재미있는 것인지를 엿보게 해준다. 당시의 천재들, 루소, 괴테, 피카소, 사르트르 등 집안 좋고 똑똑한 젊은이들이 술집에 모여 사회현상이나 철학에 관한 문제를 놓고 밤새도록 토론하며 놀곤 했는데, 고급 기생들조차 똑똑한 젊은이들의 말귀를 알아듣지 못하면 재미없는 여자로 찍혀 손님들을 더이상 받지 못했다고 한다. 그러니깐 귀족들이 살롱에 모여 '남에게 잘 보이기 위해' 혹은 '남의 칭찬을 듣기 위해' 서로 아는 바를 떠드는 것이 자기 발전에 좋은 동기였던 것이다.

이처럼 영어로 '잘난 척'을 할 수 있는 상황을 만들어주는 것은 스스로에게 좋은 동기부여가 된다. 카페에 앉아서 영자신문을 보고, 버스나 지하철을 탈 때 두꺼운 원서를 들고 다닌다. 일단 원서를 들고 다니면 뭔가 있어 보인다. 그리고 있어 보이려고 들고 다니다 보면 읽는 척이라도 해야 하는데, 자꾸 읽는 척을 하다 보면 어느 순간 진짜로 읽게 된다. 그러다가 오늘 몇 페이지를 읽었는지, 얼마나 빨리 읽었는지를 조금씩 확인하며 읽게 되면서 하루하루 영어가 즐거워질 수 있다. 나의 경우, 영어동요를 통해서 남들에게 잘나 보이고자 하는 마음이 내 영어 실력을 높이는 데 큰 동기부여가 되었다. 그리고 그 마음이 이후 20년 넘게 영어공부를 지속하게 하는 결과를 낳았다.

　영어공부를 하는 데 있어 각자에게 맞는 동기가 있을 것이다. 그것은 나이나 학력과는 상관없다. 누구는 멋진 발음으로 여자친구에게 팝송을 불러서 자랑하고 싶을 테고, 누구는 외국인과 이야기하는 모습을 보이고 싶을 것이다. 영자신문을 크게 펼치고 카페에서 읽는 것을 사람들에게 보이고 싶은 사람도 있을 것이다. 각자의 동기를 소중히 여기고 꾸준히 하다 보면 분명 원하는 레벨에 도달할 수 있다.

하인리히 슐리만 Heinrich Schliemann

하인리히 슐리만은 독일 출신의 사업가이자 고고학자로 트로이와 미케네 유적을 발굴한 학자로 잘 알려져 있다. 그는 모국어인 독일어 이외에도 영어, 프랑스어, 스페인어, 포르투갈어, 스웨덴어, 폴란드어, 이탈리아어, 그리스어, 라틴어, 러시아어, 아랍어, 터키어, 네덜란드어로 대화가 가능했다고 한다.

슐리만의 언어학습법은 배우고 싶은 언어로 쓰인 소설을 두 권 정도 구해서 한 문장도 빠짐없이 모조리 외워버리는 것이었다. 특히나 소설을 외울 때는 소리를 내서 매일 반복해 읽었다. 어느 정도 수준이 올라간 이후에는 그 언어로 작문을 해서 원어민에게 첨삭을 받았고, 그 첨삭 받은 내용까지 모조리 외웠다. 슐리만은 배우고자 하는 언어를 선택할 때 내가 왜 이 언어를 공부해야 하는지, 그리고 이 언어를 공부하면서 내가 얻는 것이 무엇인지에 대해서 먼저 고민을 했다. 그리고 시간을 어떻게 활용하여 이 언어를 짧은 시간에 정복할 수 있을지에 대해서 궁리했다.

그는 『아이반호』와 『웨이크필드의 목사』를 외워 영어를 마스터했고, 『텔레마크의 모험』과 『폴과 비르지니』를 외워 프랑스어를 마스터했다. 이런 방식으로 두 언어를 배우는 데에 각각 6개월 정도 걸렸다. 이 방법이 어느 정도 익숙해진 뒤에는 네덜란드어, 스페인어, 이탈리아어, 포르투갈어를 배웠는데 각각 6주 정도 걸렸다. 그리스어는 『폴과 비르지니』의 그리스어 버전을 외워서 6개월 만에 마스터했다.

슐리만은 일반적으로 행해지고 있는 학교에서의 외국어 학습법이 잘못됐다고 말했다. 그의 말에 따르면, "언어의 기초 문법은 단지 고전 산문을 주의 깊게 읽고 암기함으로써 충분히 체득할 수 있다. 따라서 귀중한 시간을 문법을 위해 사용할 필요가 없다." 누군가가 자신의 문장에 문법적 오류가 있다고 지적하면 그 언어에 해당하는 소설의 지문을 언급하면서 상대에게 반박했다.

하인리히 슐리만의 공부법을 요약하자면 다음과 같다.

① 일단 소리를 내어 읽어라.
② 꾸준히 하라.
③ 흥미로운 대상에 대해서 작문하라.
④ 작문을 했으면 첨삭을 받고 외워라.
⑤ 모든 자투리 시간을 활용하라.

⑥ 들어라. 그리고 따라 말하라.

⑦ 외우다 보면 기억력이 좋아진다.

⑧ 어학 초반에는 단어에 집중하라.

⑨ 문법에 얽매이지 말고, 통째로 외워라.

⑩ 반복 또 반복하라.

5

시험영어와
회화영어

영어공부법은 복잡하지 않다. 시중에는 거짓 광고를 하는 공부법이 너무나 많다. 지금 당장이라도 서점에 가보면 영어공부법에 관한 책들이 서가의 한쪽 벽면을 가득 채운 것을 볼 수 있을 것이다. 대부분의 책들이 기존 영어교육을 비판하면서 당신이 영어를 못하는 이유는 전적으로 학교교육 탓이라고 한다. 그러면서 자신이 쓴 책을 사 읽으면 당신의 영어 실력뿐 아니라 인생까지도 드라마틱하게 바뀐다고 홍보한다. 6개월이면 귀가 뚫리고, 1년 하면 원어민처럼 된다고. 학습자들에겐 달콤한 유혹이다.

더이상 속지 말자. 물론, 그 많은 책들의 저자 모두가 거짓을 말하지는 않을 것이다. 하지만 그들은 나름의 방법으로 피나는 노력을 통해 영어를 마스터한 사람들이다. 독자들이 쉽사리 그들의 영어공부법을 흉내 낼 수는 없다. 마이클 조던이 쓴 농구 책을 읽었다고 해서 누구나 마이클 조던처럼 슛을 쏠 수 있는 것은 아니다.

'올림픽 공부법'을 아는가? 결과를 떠나 오직 참가에만 의의를 두는, 딱 그 정도까지만 하는 공부다. 이 방법도 참가해보고, 저 방법도 참가해본다. 당신 역시 이렇게 수많은 영어공부법을 계속 시도하면서 눈에 보이는 결과 없이 참가에만 의미를 두는 것은 아닌지 곱씹어볼 문제이다.

사람들은 단순한 것을 복잡하게 생각한다. 큰 그림이 필요하다고 생각한다. 그동안 계속 실패한 내가 모르는 뭔가 거창하고, 대단히 복잡한 무엇이 있을 것이라고 생각한다.

그러나 시험을 위한 공부든 회화를 위한 공부든 일단 영어는 도구이다. 십자드라이버가 당장 필요한 사람에게는 십자드라이버만 있으면 된다. 망치, 펜치, 스패너는 나중에 필요할 때 구하면 된다. 영어공부를 하면서 자신에게 필요한 부분을 먼저 공략하자. 게임 공략집처럼 자신에게 맞는 영어공략집이 필요하다.

영어는 크게 두 가지로 나뉜다. 중고등학교 시절과 각종 자격증 취득을 위한 '시험용 영어'와 대입 이후 취업과 여가를 위한 '의사소통을 위한 영어'이다. 이 두 가지는 다른 특징을 갖는다.

시험용 영어

① 단어와 문법이 주된 영역이다.

② 기간이 정해져 있다.

③ 필기시험paper test이다.

④ 아웃풋 영역(말하기, 쓰기)이 없다(몇몇 시험은 예외지만).

⑤ 문제집이 있다.

⑥ 1등급 혹은 자격증 확보가 목표이다.

회화용 영어

① 말하기가 주된 영역이다.

② 듣기도 중요하다.

③ 원서, 뉴스, 영화 등 미디어가 주된 교재이다.

④ 아웃풋 영역 평가의 주된 요소이다

⑤ 문제집이 없다.

   문제는 두 영역을 구분 없이 생각하는 것이다. 시험용으로 열심히 공부하면서 '회화는 어떻게 해요?', 회화용으로 공부할 때는 '시험 성적은 어떻게 해요?' 하면서 방향을 잃곤 한다.

학창시절의 입시에서 영어시험은 매우 중요하다. 성적은 입시의 주된 평가 요소이며, 그 시험 점수가 앞으로 학생의 입시 방향에 큰 영향을 미치기 때문이다. 그럼 학교를 다닐 때 영어회화는 포기해야 할까? 그렇지 않다.

회화도 중요하다. 우리나라의 많은 사람들이 영어를 그렇게 오래 공부했으면서도 외국에 나가서 콜라 하나 사 먹기도 힘들어하는 것을 볼 수 있다. 사실, 회화는 기본적으로 운동에 가깝다. 수영을 배울 때 기본동작을 반복해서 연습하다 보면 스트로크가 자연스레 나오는 것처럼 내 입이 상황에 맞게 저절로 움직이게 만들어야 한다. 문법을 머릿속에 떠올리지 않고 자연스럽게 말해야 한다. 책상에 앉아 수영 이론만 빠삭하게 배우는 것보다 일단 물속에 들어가 팔을 휘저으며 몸으로 익히는 것이 낫다. 영어회화도 입을 움직이면서 표현을 익혀야 한다.

시험용 영어와 회화용 영어의 공부법은 다르다. 공략하는 방법도 다르다. 내가 원하는 것이 무엇인지 파악하고, 그 목적에 맞는 영어공부법으로 우선 학습하면서 하나하나씩 단계를 높여가면 된다. 중요한 것은 '나'다. 우선 당장 내가 필요한 부분부터 공략하면서 범위를 넓혀가자. 단순하게 생각하자. 방향도 없이 이리 갔다, 저리 갔다 하면 실속 없이 시간만 흘러간다. 머리만 복잡하고 성적은 떨어질 뿐, 내가 원하는 것을 얻을 수 없다.

6

재미가 있어야
계속할 수 있다

거꾸로 생각해보자. 외국인에게 한국어를 가르쳐보는 것이다. 우리나라 사람들이 인사말로 쓰는 "식사는 하셨습니까?"를 외국인에게 설명해보자. 일단 조사 '는'이 왜 붙는지, 그리고 왜 말 끝에 '니까?'를 붙이는지에 대해서 설명해야 할 것이다. 그러나 대부분의 한국인들이 이러한 질문을 받으면 대답하기가 쉽지 않다. 그 개념을 정확하게 이해하고 있는 것도 아니다. 자연스럽게, 마치 물이나 공기처럼 의문 없이 늘 그렇게 조사를 써왔고 '니까?'를 써왔기 때문이다. 게다가 왜 사람들이 만나서 인사할 때 식사를 언급하는지, 왜 영어에 없는 높임말 어미를 상대에게 붙이는지까지 외국인에게 하나씩 설명해야 한다면 아마도 도망가고 싶은 기분이 들 것이다. 이때 학창시절에 영어 선생님이 많이 했던 말을 똑같이 외국인에게 던지게 된다.

"복잡하게 생각하지 말고 그냥 외워!"

우리처럼 원어민들도 정확한 이유도 모른 채 그들의 모국어인 영어를 써왔다. 그러므로 우리가 영어를 배울 때도 물과 공기처럼 자연스럽게 '느낌'과 '뉘앙스'를 느끼는 것이 중요하다. 자주 말해보고, 자주 읽어봐야 한다.

영어를 문법적으로 따지기식 수업을 받다 보니 이런 표현은 안 되고, 저것도 문법적으로 안 된다. 계속 그러다 보면 '아, 나는 영어가 안 되는구나!' 하고 포기하게 된다. 영어로 말해보기도 전에 포기하는 것이다.

영어공부의 시작은 재미다. '재미'는 영어를 지속하게 해준다. 그렇다면 우리나라의 학생들, 그리고 토익과 토플을 준비하는 영어 학습자들에게 실질적으로 시급한 시험은 어떻게 할까? 시험영어는 따지기가 기본이다. 일단 시험공부 자체에서 재미를 찾기가 쉽지는 않다. 학생으로서 영어시험을 포기할 수도 없고, 영어에 도무지 재미를 못 느끼는 사람들은 영어를 포기하든지, 꾸역꾸역 괴롭게 공부를 해야 할까? 그렇지 않다. 생각을 조금만 바꾸면 된다.

영어는 써먹기 위해서 공부하는 것이다. 일단 시험용 영어에서 시험이라는 생각은 잠깐 접어두고, 외국인에게 써먹기 위해서 영어를 배운다고 생각해보자. 상대방과의 관계가 깊어지면 자연스레 대화를 "Hi" 또는 "Nice to meet you"로 끝내고 싶지 않게 된다. 내 속에 있는 말들을 꺼내고 싶어진다. 좀 더 정확한 표현으로 그들과 이야기를 하고 싶어지는 것이다. school과 mother, father만이 아니라, 날씨와 오늘 기분을 묻는 표현에서 끝나는 것이 아니라, 더 나아가고 싶어 한다. 그러기 위해서는 영어단어를 알아야 하고, 영어식 표현을 많이 알아야 한다. 교과서에 나와 있는 단어들은 나중에 써먹기 위해서, 언젠가 외국인을 만날 그날을 위해서 외운다고 생각하자.

지문만 읽어도 훌륭한 독서가 된다

그래도 요즘은 많이 좋아졌지만, 학교 교과서의 표지들이 정말로 '공부하기 싫게' 생겼다. 표지는 책의 첫인상이며 사람들이 그 책을 볼지 말지를 결정하는 중요한 요소인데, 교과서의 표지는 예전이나 지금이나 지루하기 매한가지다. 하지만 내용까지 지루하다고 지레짐작하고 비난하는 것은 상대를 외모만 보고 평가하는 것과 같다.

학교 교재와 문제집은 쉽게 만들어진 책이 아니다. 우선, 학교 교재나 문제집을 만들 때 아무 글이나 지문으로 사용하지 않는다. 교육부에서 학년별로 학생들이 읽기에 도움이 되는 좋은 글만 엄선하고 발췌하여 주요 단어와 문법 표현들이 글 속에 녹아질 수 있도록 편집한다.

집필진은 어떤가? 유수 대학 영문학과를 졸업한 인재들이다. 요즘 아이돌 가수들의 곡을 보면 한 명이 아니라 여러 명의 실력 있는 작곡가들이 한 곡에 참여하는 경우가 많다. 방탄소년단의 곡만 봐도 적게는 3~4명, 많게는 7~8명의 작곡가가 참여한다. 한 사람이 전담하는 것보다는 여러 명이 힘을 모을 때 더욱 창의적인 작품이 나온다는 것을 현역 아티스트들은 알고 있다. 시중에 있는 문제집이나 학교 교재들 역시 어벤져스급 집필진 6~10명 내외의 인재들이 많은 시간과 노력을 들여 만든 것이다. 좋은 영어 원문들을 찾고, 학생들의 학업 수준을 고려해서 만든 우수한 작품이라고 할 수 있다. 그런 교재를 그냥 지루한 교과서 혹은 문제집으로 우습게 생각하지 말고 영어로 된 재미있는 읽을거리라고 관점을 바꿔보자. 영어공부가 좀 더 즐거워질 것이다. 독서하는 느낌으로 독해 지문을 읽어나갈 수 있다.

문제집도 지루하다는 편견을 버리면 좀 더 적극적으로 문제를 풀 수 있다. 지문에서 배우려고 하는 마음가짐을 가지게 된다. 점수를 내기 위해 수동적으로 문제를 푸는 대신 능동적으로 지문의 내용을 이해하려고 노력하자. 나아가 단행본을 읽는 것처럼 나의 상식을 키워주기 위한 독서라고 마음을 바꿔보자. 많은 학생들이 공부하느라 독서할 시간을 못 낸다고 말한다. 그러나 영어 문제를 풀 때 독서를 한다고 생각하면, 요약된 영어 원서로 독서를 한다고 생각하면 그 양과 질이 한 권의 책과 견주어 절대 부족하지 않을 것이다.

다시 말하지만, 문제집의 영어 지문은 명문들이다. 유명한 논문이나 고전작품, 세계적 베스트셀러에서 뽑아온 글들을 각색해서 만들어놓았다. 글을 읽으면서 독해 지문의 정답까지 맞춘다면 기분이 배로 좋을 것이다. 그것은 덤이다. 정답을 아니라고 해도 손해볼 것은 없다. 문제를 풀면서 영어단어에도 점점 익숙해지고 상식 또한 늘었으니 어제보다 오늘 더 똑똑해진 것이다. 책보다 낫지 않은가?

2장

쉬운 책부터
읽어보자

7

재밌으면
집중한다

영어 초보들은 집중력이 약하다. 호기심이 없기 때문이다. 어떤 분야건 관련 지식이 어느 정도 있어야 호기심이 생기는 법인데 영어에 대한 노출이 부족해서 호기심도 없다. 영어만 보면 머리가 아프다는 사람도 있다. 아이들뿐 아니라 성인도 그런 사람이 많다. 회사 승진시험에 공인영어시험 성적이 요구되니 일도 하고 공부도 해야 하는 직장인에게 영어공부는 심적 부담이 될 수밖에 없다.

한때 영어유치원에서 근무한 적이 있다. 반마다 원어민 담임 한 명, 한국인 교사 한 명이 배정되었고, 유치원 내에서 모든 대화는 영어로만 해야 했다. 오전 9시부터 오후 2시까지 진행하는 유치원 정규교육과정 외에 여러 가지 활동도 하면서 아이들은 3시, 4시까지 원내에서 머물렀다.

영어를 처음 접하는 아이들에게는 이상적인 환경이었다. 원어민과 지속적으로 의사소통을 하고, 영어로 된 책과 영상으로 공부한다. 그런 환경에서 배운 아이들이 초등학교에 가서 다른 친구들보다 영어를 더 잘하는 것은 당연한 결과다. 나는 그 아이들이 부러웠다. 아이들의 유창한 발음도, 원어민과 거리낌 없는 태도도.

당시 내게는 갓 태어난 아이가 있었는데, 영어유치원의 수강료가 제법 비싸서 정작 내 아이에게는 이런 교육을 제공해줄 수 없는 스스로가 원망스러웠다. 영어강사인 내가 이런데 유치원생, 초등학생 자녀를 둔 부모들은 마음이 얼마나 조급해질까? 옆집 누구는 형편이 좋아서 영어유치원에 가서 배우고, 우리 집 아이는 다닐 형편이 안 되어 영어를 한마디도 못한다면 그 속상함이 오죽할까?

어렸을 때부터 영어에 노출된 아이들은 당연히 그 시작이 앞설 수밖에 없다. 이 부분은 인정해야 한다. 그러나 실망할 필요는 없다. 우리는 많은 사례를 통해 알고 있다. 어릴 때 영어를 잘한다고 해서 모두 명문 대학에 입학하는 것은 아니라는 것을. 그 아이들이 모두 원어민 수준의 영어를 구사하는 것 또한 아니라는 것을.

영어유치원이 영어를 시작하는 가장 좋은 방법이라고 생각했지만, B군를 만나고 생각이 많이 바뀌었다. B군은 어릴 때 영어유치원에 가서 오히려 영어를 너무 싫어하게 된 경우였다. B군의 어머니는 자녀교육의 열망이 끓어 넘치는 분이었다. 동네에서 가장 좋은 영어유치원을 수소문하여 B군을 보냈다고 한다. 그런데 그는 그 때문에 영어 트라우마가 생겼다.

"한마디도 알아들을 수가 없었어요. 눈이 파란 원어민이 나에게 이것저것 물어보는데, 겁나기만 했거든요. 제가 대답을 너무 못하니깐 그 원어민이 한숨을 쉬는 거예요. 옆자리 친구들은 나를 한심하게 쳐다보고. 유치원에 가기 싫다고 밤마다 울었던 것 같아요."

"어머니께서는 뭐라고 하셨어?"

"그냥 가라고 하셨죠. 나중에는 괜찮아진다고. 적응하면 재밌어진다고 하면서……."

B군은 유치원에서 아예 입을 닫았다고 한다. 3년 정도를 더 다녔지만, 기억나는 것은 등원할 때 하는 영어 인사와 하원하면서 친구들과 줄을 서서 원어민과 하이파이브 하던 것뿐이라고 했다. 어서 빨리 집에 가고 싶은 마음뿐이었다고 한다. 그는 영어유치원의 수강료를 떠올리며 자신의 나쁜 머리 때문에 부모님의 아까운 돈만 낭비했다고 했다.

영어에 대해 안 좋은 기억이 머릿속에 있으면 더욱더 영어에 다가가기가 힘들어진다. B의 영어에 대한 부정적 감각은 중학교, 고등학교 때도 계속되었다. 영어단어도 잘 안 외워지고, 반발감만 커져서 영어공부를 더 하지 않게 되었다. 어머니는 조급한 마음에 B를 데리고 이런저런 학원을 전전하다가 결국 두 손을 놓았다.

영어에 대한 그의 태도는 나중에 취업 준비를 할 때도 영향을 줬다. 영어점수가 좋지 못한 그는 대학 졸업 후에도 공인영어시험 성적이 필요 없는 회사만을 골라서 지원했다. 사실 영어 점수를 요구하지 않는 회사 중에는 '괜찮은 회사'가 드물었다. 대기업을 비롯해 유명한 중견기업들은 대부분 공인영어시험 점수를 요구했기 때문이다. 그는 원하지도 않은 회사에 취업해서 역시나 원하지 않은 업무에 배정받아 지금껏 고생하고 있다.

그러면 영어유치원과 조기유학은 쓸모가 없는 것인가?

학원에 상담하러 오는 학부모들이 내게 "어학연수나 유학을 보내는 게 좋을까요?"라고 물어볼 때가 종종 있다. 그러면 나는 웃으면서 "당연히 그 나라에서 그 나라의 언어를 공부하는 것이 가장 이상적입니다"라고 대답한다.

분명한 건 한국어를 한국에서 배우는 것이 효과적이듯, 영어도 영어를 모국어로 쓰는 나라에서 배우는 것이 사실 가장 효과적이다. 영어에 노출되는 측면에서 가장 큰 효과를 볼 수 있다. 유학이나 어학연수를 가면 현장에서 직접 몸으로 부딪힐 수밖에 없다. 책상에 앉아서 회화책을 보는 것보다 밖에 나가 슈퍼마켓에서 직접 물건을 사면서 영어를 익히는 것이 더 효과적인 것은 분명하다.

그러나 중요한 문제가 있다. 바로 '비용'이다. 영어공부 때문에 집안 경제가 휘청거리면 곤란하다. 유학을 통해 얻는 혜택보다 잃는 것이 더 많을 수 있다. 그렇다면 유학을 가지 않고도 유학만큼 효과적인 영어공부법을 국내에서 찾을 수는 없을까?

처음으로 돌아가 영어 초보의 입장에서 이야기를 해보자. 영어 초보는 영어에 많이 노출되는 것이 좋다. 그리고 집중력을 높이는 측면에서 아무래도 책보다는 영상물로 학습하는 것이 더 낫다. 원어민들이 살고 있는 집, 그들의 옷차림, 그들의 일상생활 속 소소한 문제들, 그들의 삶을 총체적으로 볼 수 있는 영상이 글보다 효과적이다. 어학연수로 경험할 수 있는 것을 집에서 영상을 보면서 시뮬레이션해보는 것이다. 굳이 비싼 돈을 들이지 않고도 충분히 국내에서, 내 방에서 어학연수 경험을 연습해볼 수 있다.

머리가 나빠서가 아니라 관심이 없어서 집중하지 못하는 것이다. DVD도 좋고 넷플릭스도 좋다. 그저 본인이 좋아하고 관심이 가는 것들을 영어로 된 영상으로 많이 보는 것이 좋다. 로맨스물을 좋아하면 로맨스 영화를 보고, 애니메이션을 좋아하면 애니메이션을 보면 된다. 좋아하는 배우가 출연하는 영화도 좋다. 많이 봐도 질리지 않는 것이면 더욱 좋다.

영어 초보에게는 학원을 가는 것도 좋은 방법이지만, 무리하게 영어공부를 강요하는 곳이면 다시 한 번 생각해보는 게 좋다. 영어에 대한 좋지 않은 기억만 생길 수 있기 때문이다. 무엇이든 첫인상이 중요하다. 소개팅을 할 때 마음에 드는 상대가 나타나면 다음에 또 보고 싶은 법이다. 소개팅은 어떤 사람이 나타날지 모르지만, 다행히 영어와의 첫 만남은 나의 의지로 내가 선택할 수 있다. 내 스타일에 맞아야지 질리지 않는 법이니, 내게 딱 맞는 스타일로 신중하게 선택하자. 내가 좋아하는 영상물을 계속 보면 어느 순간 영어에 대한 관심이 높아지는 스스로를 발견할 수 있다.

자녀에게 영어를 처음 시키는 학부모에게도 같은 방법을 권한다. 아이가 좋아하는 것을 찾아서 그것과 관련된 영상물을 보여주자. 로봇 만화도 좋고, 공룡이 나오는 영화도 좋고, 아이가 좋아하는 연예인이 주인공으로 나오는 영화도 좋다.

급하게 먹으면 체하는 법이다. 영어도 급하게 소화하려고 하면 체한다. 남들과 비교해서 무리하지 말고 나에게 맞는 과정을 짜보자. 영어는 장거리 마라톤과 비슷하다. 마음에 여유를 가지고 지금부터 시작하면 된다. 가장 늦었다고 생각하는 순간이 남은 인생에서 가장 빠른 시기이다. 영어는 앞으로 좋든 싫든 내 삶의 동반자로서 나와 평생을 함께하게 될 것이다.

8

쉬운 책으로
시작하라

많은 엄마들이 영어를 처음 시작하는 자녀에게 '엄마표 영어'를 무리하게 시도한다. 자신이 못다 이룬 영어의 꿈을 아이가 이루어 주기를 바라는 마음에서다. 아이와 영어의 만남은 본의 아니게 처음부터 비장해진다.

영어단어를 외우게 하고, 본인이 힘들게 배운 문법을 또 힘들게 가르치면서 아이가 잘 따라오지 못한다며 실망한다. 영상물이 좋다는 이야기를 들은 엄마는 아이에게 유익한 〈작은 아씨들〉, 〈올리버 트위스트〉 같은 명작 영화를 찾아서 아이에게 반복해서 보여준다. 이왕이면 교육적으로 좋은 게 좋은 거니까. 그러나 아이의 관심과 무관한 영어단어 암기, 문법 공부, 영상물 활용은 엄마와 아이 모두에게 독이 될 수 있다. 아이는 지속적으로 영어에 대한 스트레스를 경험할 것이고, 그러한 경험은 앞으로의 학업 태도에까지 영향을 미치게 된다. '엄마표 영어'에 효과를 보지 못한 엄마는 자존감이 떨어지면서 자신의 아이에게 더욱 실망할 것이다. 내가 고심해서 선택했던 방법에 대해 아이가 결과를 잘 내지 못한다면 이것은 분명 아이 탓이다.

'아빠를 닮아서 그렇다'고 확신하면서 죄 없는 남편을 원망하기도 한다. 아이 또한 '나는 엄마 머리를 닮아야 되는데' 하며 아쉬워한다. 그 아이들 중에서 엄마 성적표를 실제로 본 아이는 한 명도 없을 테지만.

억지로 시키면 부모와 자식 사이의 관계도 나빠질 가능성이 크다. 아이는 영어에 대해 일찍이 트라우마를 가지게 된다. 영어가 뭔데 나를 울리고 부모와 갈라놓는 것일까? 당연히 아이는 영어공부가 싫어질 것이다.

내 아이가 영어를 좋아하게 하려면 먼저 좋아하는 것을 아이 스스로 선택하게 해야 한다. 이 부분이 가장 중요하다. 좋아하는 영화를 직접 고르고 반복해서 보다 보면 누구나 느낌이 온다. 영어가 나에게 성큼 다가오는 것이다. 익숙해지고 친숙해진다. 영화 속 배우들의 대사가 하나둘 귀에서 맴돌기 시작하고, 입이 근질근질해지며, 몇 마디 중얼중얼거리며 따라 말하게 된다. 그때가 본격적으로 영어를 시작할 시기이다. 영화를 보며 영어 읽기와 단어 암기를 함께 시작하면 효과를 높일 수 있다.

학원에서 원어민에게 배워야 할까?

많은 사람들이 영어는 원어민에게 배워야 한다고 생각한다. 하지만 나는 원어민과 함께하는 영어공부에 실패한 사례를 학생들을 가르치면서 종종 접한다. 회화학원에서는 이렇게 말한다.

"영어도 언어이기에 듣기와 말하기를 통해서 자연스럽게 습득해야 합니다."

"원어민들처럼 습득해야 진짜 회화를 할 수 있습니다. 그러기 위해서는 원어민 수업으로 환경을 만들어주셔야 합니다."

물론 아주 틀린 말은 아니다. 그러나 듣기와 말하기로 한 언어를 습득하려면 학원에서 한두 시간 공부하는 것으로 충분하지 않다. 학원에서 일주일에 4~5시간을, 숙제나 복습을 위해 집에서 하루 1시간을 영어공부에 투자한다고 했을 때 일주일에 10시간이 안 된다. 그것으로 모국어를 습득하듯 아이가 외국어인 영어를 자연스럽게 습득하기는 사실상 어렵다. 학원에서는 열 명쯤 되는 인원이 모여 "Hi", "Hello", "What did you do yesterday" 하다가 한 시간이 훌쩍 가버린다. 수강생 한 명이 자신의 생각을 영어로 말할 수 있는 시간은 5분이 채 안 될 것이다. 수강생 중 말을 잘하는 친구가 있다면 이 귀중한 시간도 친구 이야기만 듣다가 끝나고 만다. 고개만 끄덕이다가 한 시간이 훌쩍 가버리고 '오늘 한 시간 동안 회화했다'고 자기 위안에 빠질 수 있다. 솔직해지자. "당신은 딱 5분 말했을 뿐이다."

영어 읽기를 시작해볼까?

좋아하는 영화를 통해 영어가 익숙해졌다면 이제는 읽기를 통해서 인풋input을 늘려보자. 책읽기는 단어와 문장 구조를 이해하는 최고의 방법이다. 당신은 어릴 적부터 귀가 따갑게 들었을 것이다. "책을 많이 읽어야 한다." 왜 많이 읽어야 하는지 이유는 모른다. 그저 많이 읽으면 좋다고 한다. 부모님도 책을 그다지 많이 읽는 것 같지는 않다. 사실 책을 읽으면 왜 좋은지, 무엇 때문에 읽어야 하는지 부모님도 잘 모른다.

"엄마, 아빠는요? 그렇게 좋으면 먼저 하세요!"

크라센의 『읽기 혁명』을 보면 자율독서(책을 자유롭게 선택해서 읽기)가 언어 습득에 극적인 효과가 있다는 것을 보여준다. 연구진이 영어를 배우는 4, 5학년 학생들을 세 그룹으로 나누어 매일 30분씩 영어수업을 진행했다. 한 그룹은 전통적인 교습법(문법), 두 번째 그룹은 자율독서, 세 번째는 함께 읽기shared reading로 수업을 했다. 함께 읽기란 좋은 책을 수업시간에 서로 공유하는 것으로, 잠잘 때 부모님이 읽어주는 동화책처럼 교사가 학생들에게 여러 번 읽어주는 방법이다. 2년이 지난 뒤 결과를 보니, 자율독서로 읽기를 한 그룹이 전통적인 수업을 한 그룹보다 독해력, 쓰기, 문법 시험에서 훨씬 뛰어난 성적을 받은 것으로 나타났다. 싱가포르와 남아프리카, 스리랑카 등 영어를 모국어로 쓰지 않는 국가에서도 같은 결과를 보여줬다. 또 다른 연구 결과에서도 자율독서가 외국어를 배우는 데 효과적이며, 무엇보다 자율독서를 통해 다독을 한 학생들의 마인드 또한 긍정적으로 변했다고 한다.

수준에 많은 책부터

어떤 영어책이 좋을까? 초보에게는 무조건 재미, 또 재미다. 영화를 보면서 영어에 익숙해지는 것과 마찬가지다. 독서도 재미있을 수 있다. 독서가 재미없는 것은 재미없는 책을 굳이 골라서 힘들게 읽었기 때문이다.

첫 영어책으로 어린이 동화책을 추천한다. '이 나이에 유치하게 어떻게 동화책을 읽어?'라고 생각할 수 있다. 그러나 나의 어휘 수준이 어느 정도 되는지 생각해볼 필요가 있다. 한국어 어휘 수준이 아닌 영어 어휘 수준 말이다. 어휘 수준이 일곱 살 아이인데 폼 나게 〈뉴욕 타임스〉를 들고 다닐 수는 없다.

어린이 동화책은 그림이 많고 글자 수가 적어서 부담이 없다. 문장도 비교적 짧고, 어휘도 어렵지 않다. 책장을 훌훌 넘길 수 있어 진도가 빨리 나가니까 재미가 있다. 아이들 눈높이에 맞춘 어휘라고 해서 무시할 것이 아니다. 우리나라 아이들을 생각해보자. 5~7살 아이들이 얼마나 말을 조리 있게 잘 하는지. 그들은 성인과 대화가 될 뿐만 아니라 성인이 하는 일상적인 모든 대화를 이해할 수 있다.

아이들이 구사할 수 있는 어휘만으로도 모든 활동을 할 수 있다는 사실은 아이들이 읽어내는 동화책의 어휘 수준만으로도 영어를 사용하는 환경에서 거의 모든 일상적 활동을 해낼 수 있음을 뜻한다. 즉, 가장 기초적이고 핵심적인 어휘들이 동화책에 모두 들어 있다고 보면 된다.

동화책은 문법책이 아니다

그냥 가볍게 읽기만 하자. 그림을 보면서 재미있게 읽으면 된다. 「백설공주」를 보면서 이 공주가 어느 시대 사람이고, 사과에 어떤 독이 있는지 분석하면서 읽을 필요는 없다. 어려운 어휘나 문법이나 구문은 몰라도 된다. 문법 분석을 한다거나 주어, 동사, 목적어 등을 찾는 것은 지금 수준으로 할 수도 없거니와 해서도 안 된다.

엄마가 아이에게 동화책을 읽어주는 상황을 떠올려보자. "여기까지 주어고, 여기까지가 동사, 시제는 과거고, 보어가 주어를 수식하고……" 이렇게 분석하면 그 엄마는 병원에 가야 한다. 동화책을 읽으면서 내가 나 자신에게 친절히 읽어준다고 생각하면 된다.

모르는 단어도 뜻을 찾아볼 필요가 없다. 동화책 속의 단어는 대부분 그림을 보고 유추가 가능하다. 뜻이 정 궁금하다면 인터넷으로 검색해 첫 번째 의미 정도만 익히자.

동화책을 한 번 읽었다고 바로 덮는 것은 좋지 않다. 한 권을 여러 번 반복해서 읽어야 한다. 반복해서 읽으면 처음 읽을 때 파악하지 못했던 어휘들과 문장 구조가 눈에 보인다. 아이들이 엄마에게 이미 읽었던 책을 반복해서 읽어달라고 하는 것처럼, 우리도 우리 안에 마치 '영어 아이'가 있는 것처럼, 소중하게 나에게 여러 번 읽어주면 좋다. 반복하면 할수록 그 내용이 눈에 선명해지고, 그러면서 단어를 문맥 속에서 자연스럽게 익힐 수 있다.

매일 10분

매일 10분씩 꾸준히 읽으면 책을 한 권 다 읽는 것이 어렵지 않다. 그리고 '영어책 한 권을 다 읽었다'는 자신감은 이제 스스로를 다음 단계로 올려놓을 것이다. 내 속의 영어 아이가 조금 더 자란 것이다. 그렇게 동화책을 몇 권을 읽게 되면 좀 더 수준이 높은, 글은 더 많고 그림은 적은 책을 고를 것이고, 나중에는 『해리포터』 같은 책을 도전할 수 있다. 그리고 꿈에 그리는 〈뉴욕 타임스〉도 폼나게 들고 다닐 수 있게 된다.

> "A journey of a thousand miles begins with a single step(천리 길도 한 걸음부터)."

일단 시작하면 쉬워진다! 스티븐 킹은 이렇게 말했다. "Books are a uniquely portable magic(책은 특별하게 휴대 가능한 마법이다)." 책을 한 권, 두 권 독파해나가면 어느 날 갑자기 방금 읽은 거의 모든 문장이 분석하지 않아도 한꺼번에 확 이해가 되는 순간이 불쑥 찾아온다. 마법 같은 순간이다. 책은 여러모로 마법 같은 순간을 자주 만든다.

9

지금 당장
중학교과서를 꺼내보자

우리나라 교육부 지침에 따르면,

초등학교 영어는 일상생활에서 사용하는 기초적인 영어
를 이해하고 표현하는 능력을 기르는 과정으로서 음성언
어를 사용한 의사소통능력 함양에 중점을 둔다. 문자언
어 교육은 쉽고 간단한 내용의 글을 읽고 쓸 수 있는 능
력 함양에 초점을 맞추되, 음성언어와 연계하여 내용을
구성한다. 초등학교 영어교육은 초등학교 학생의 인지

적, 정의적 특성을 고려하여 실생활에서 접할 수 있는 활
동 등을 활용하고, 체험학습을 통하여 발견의 즐거움을
경험할 수 있도록 한다.

초등학교 영어는 즐겁게 공부하는 것이 중요하며, 영어의 첫 시
작에 대한 부담을 줄이는 것이 목표다. 즐거움이 먼저다. 영어의
첫 단추로서 좋은 방법이다. 영어에 대해 어느 정도 이해한 성인이
라면 초등과정을 넘어 중등 레벨로 넘어가자. 중학교(혹은 중등 레
벨)부터는 초등학교에서 배운 영어를 토대로 학습자가 기본적인
일상 영어를 이해하고 본격적인 학습이 이루어지는 단계이다.

중학교의 영어 교과서는 단어와 문법, 그리고 본문을 선택함에
있어 매우 신중하게 만들어진 교재다. 나는 영어를 공부하고자 하
는 성인 학습자들에게 중등 교재를 먼저 추천한다. 쉬우면서도 핵
심적인 부분이 모두 들어 있기 때문이다.

2002년 월드컵에서 우리나라 대표팀이 4강에 진출했다. 당시 우
리나라 감독이었던 거스 히딩크의 기막힌 용병술이 화제가 되었
는데, 네덜란드 국적의 그의 영어 또한 한국사람들에게 신선한 충
격이었다. 왜냐하면 네덜란드는 네덜란드어Dutch가 있고, 히딩크
에게 영어는 모국어가 아니었음에도, 그는 간결한 표현과 쉬운 단
어를 적절히 사용하면서 영어로 쉽고 편하게 인터뷰를 이끌어갔

다. 히딩크의 영어는 미국인이든 한국인이든 쉽게 이해할 수 있었으며 재미있기까지 했다. 우리나라가 포르투갈을 꺾고 마침내 16강에 진출했을 때 히딩크는 다음과 같은 명언을 남기며 한국인의 마음을 뜨겁게 했다.

"I think all the people of Korea can be proud to be in the last 16. The goal is achieved. But I'm still hungry(저는 우리가 16강에 든 것에 대해 모든 대한민국 국민이 자부심을 가질 수 있다고 생각합니다. 목표는 이루어졌습니다. 그러나 저는 여전히 배가 고픕니다)."

문장만 보면 중학교 영어 교과서에 나오는 어휘 수준이다. 중학교 영어책에 나오는 표현들을 착실하게 익히고 회화를 연습한다면 히딩크만큼은 영어를 구사할 수 있다는 뜻이 된다. 그는 축구 감독으로 네덜란드, 스페인, 영국, 한국, 호주 등 전 세계를 무대로 커리어를 쌓아간 사람이다. 중학교 영어 과정을 잘 마스터하면 히딩크처럼 영어로 일상생활을 하고 업무를 진행하는 데 아무런 문제가 없다는 말이다.

다음은 교육부가 제시한 중학교 영어 과정의 목표이다.

가. 영어학습에 대한 흥미와 관심을 가지고 일상적인 영
　어 사용에 자신감을 가진다.
나. 친숙한 일상생활 주제에 관하여 영어로 기본적인 의
　사소통을 할 수 있다.
다. 외국의 문화와 정보를 이해하고 우리 문화를 영어로
　간단히 소개할 수 있다

이 정도면 충분하지 않은가?

10

교과서로
본격적인 리딩을

모든 공부의 시작은 교과서 읽기다. 게임을 잘하려면 게임 공략집이 필요하듯이 어떤 과목을 잘하려면 그 과목에 맞는 공략집, 즉 '교과서'가 필요하다. 영어 역시 잘하려면 영어 교과서가 가장 중요한 필수 공략집이다. 영어 교과서를 제대로 된 방법으로 읽기만 해도 성적은 향상된다.

수능시험에서 만점을 받은 학생들의 인터뷰를 본 적이 있을 것이다. 기자들이 으레 물어보는 질문이 "어떻게 공부를 했나요?"이다. 그러면 학생들은 대부분 서로 입을 맞춘 것처럼 똑같은 대답을 한다. "교과서 위주로 공부했습니다." 수능의 3대 거짓말(학원은 안 다녔고, 잠 잘 것 다 자면서, 교과서에 충실했어요)이라고도 하지만, 거기에는 공부 고수들만 아는 분명한 진실이 있다.

자습서나 문제집으로 교과서 읽기를 대신하려는 학생들이 있다. 교과서의 중요성을 잘 모르고 있고, 그저 수업시간에 내준 프린트만 몇 번 대충 훑어보며 눈에 익으면 '모두 공부했다'고 생각한다. 그러고는 공부 끝! 이제는 실전만이 남았군! 시험 결과가 좋을 수 없다.

영어공부의 시작은 '교과서를 꼼꼼히 제대로 읽기'에서 시작한다. 많은 학생들이 교과서를 보지 않는다. 왜 보지 않느냐고 물어보면 "이미 알고 있어요"라거나 "저 얇은 책에 혹시 빠진 내용이 있지 않을까요?"라고 대답한다. 하지만 그런 학생들 중에서 교과서 연습문제를 어려움 없이 한 번에 제대로 푸는 학생을 본 적이 없다. 쉽다고 무시하는 교과서 문제도 제대로 못 푸는데 다른 교재를 붙들고 있는 것이 과연 순서가 맞는 것일까? 교과서는 쉽다. 학생의 수준에 맞게 명쾌하게 설명되어 있다. 하지만 대부분의 학생들은 어려운 지문을 공부해야 한다는 강박에 시달린다. 영어는 특히나 자신감이 너무나 중요한 과목이기 때문에 일단 교과서를 완파해보길 바란다. 쉽게 접근할 수 있고 자신감을 향상시켜줄 수 있는 교과서를 마스터하는 것으로 영어공부를 시작하자.

어머나! 버릴 게 하나도 없네

교과서는 버릴 것이 거의 없는 책이다. 따라서 교과서를 공부할 때 특정 부분만 떼어내 보기보다는 전체적으로 하나도 빠짐없이 모두 보는 것이 가장 좋다. 어떤 학생은 수업시간에 선생님이 진도 나간 부분만 골라서 보기도 하는데, 이는 옳은 방법이 아니다. 교과서는 대단원, 소단원 문장 하나까지도 유기적으로 얽혀 있어서 마치 오케스트라의 심포니와 같다. 음악회에 가서 바이올린 소리만을 가려서 주구장창 듣는 것은 재미도 없고, 곡을 이해하는 데에도 도움이 안 된다. 교과서도 마찬가지다. 단원에 나와 있는 내용을 하나하나 따로 보기보다는 전체적인 각도에서 이해하는 것이 도움이 된다. 교과서에 나와 있는 심화학습이나 실생활 적용 질문들을 그냥 넘기지 말고 적극적으로 활용하면 훨씬 더 다양하게 교과서를 이용할 수 있다.

교과서만큼 문법을 명쾌하고 단순하게 설명한 교재는 시중에 거의 없다. 한정된 페이지, 즉 한정된 공간에 핵심적인 것만 담아내고자 하는 집필진의 노고가 느껴진다. 요즘 학생들을 가르치면서 교과서의 위력을 더욱 체감한다. 나도 학창시절에 교과서가 아닌 다른 문제집들을 중심으로 공부했다. 교과서는 왠지 빠진 내용이 있을 것 같았고 설명이 충분치 못하다는 생각이 들었기 때문이다. 주변 친구들을 봐도 교과서로 공부하는 친구는 거의 없었다. 말하자면, 교과서는 나의 공부 '아이템' 목록에서 제외되어 있었다. 표지가 좀 더 그럴 듯하고 들고 다니면 멋있어 보이는 교재가 필요했다. 교과서는 그저 롤플레잉 게임을 처음 시작할 때 얻게 되는 공격력 떨어지는 헐값의 기본 무기 같은 것이라고 생각했다. 그러다 학생들의 학교 내신을 관리하면서 교과서를 다시 펼쳐들고 나서야 교과서의 숨겨진 위력을 알게 되었다.

시험에 나오는 것만 공부하면 되는데

영어 교과서를 찬찬히 뜯어보니 오히려 내가 생각했던 것과는 정반대였다. 『의천도룡기』의 '구양진경'처럼 무림에서 절대고수가 되는 필수 비법서 같다고 할까? 학생들의 무림인 수능 시장에서 절대고수들, 그러니깐 수능 만점자들이 하나같이 교과서를 강조한 이유가 있었다.

교과서는 핵심적인 내용이 간단명료하게 정리되어 있었다. 이에 비해 다른 부교재 및 문제집들에는 시험 범위 밖의 불필요한 내용들이 많았다. 결국 학생들이 공부할 때 다른 교재들을 보느라 교과서에도 없는 내용을 머리에 집어넣느라 고생한다는 사실도 알게 됐다. 문제집이 나쁘다는 말이 아니다. 앞서 말했지만, 문제집도 훌륭한 집필진이 쓴 훌륭한 교재인 것만은 분명하다. 그러나 일단 시작은 교과서로 기본을 잡아야 하다. 모든 일에는 순서가 있는 법이다. 영어가 너무 어렵다면 다른 무엇보다 교과서 한 권만 죽어라 파보라 말해주고 싶다. 누군가 갑자기 물어봤을 때 자동으로 대답할 수 있을 정도로 교과서를 완벽하게 익혀보자. 교과서야말로 비교적 적은 시간을 들여 학생들이 영어에 자신감을 키우면서 실력을 빠르게 키울 수 있는 길이다.

학기 초에 나눠주는 교과서가 무료라고 소홀히 해서는 절대 안된다. 교과서는 시중의 어떤 책보다도 학생들을 배려하여 심혈을 기울여 만들어졌기 때문이다. 또한 철저한 검정 과정을 오랜 시간을 두고 거친 책이다. 나이를 불문하고 영어를 배우는 학생이라면 지금이라도 차분히 교과서를 구석구석 살펴보기 바란다. 지금껏 몰랐던 영어 교과서의 매력에 분명 빠져들게 될 것이다.

11

교과서를 어떻게
읽어야 할까?

교과서에 있는 대단원명과 학습목표, 그리고 단원에 대한 설명을 반드시 확인해야 한다. 그 단원에서 무엇이 중요한지, 소단원에 이러이러한 내용이 실려 있는 이유가 무엇인지 살펴봐야 한다. 각 단원별로 문법은 어떤 부분을 중점적으로 봐야 하는지를 고민하면서 공부를 해야 한다. 성적이 낮은 학생들은 대개 각 단원의 목표가 나와 있는 교과서의 도입 부분을 확인하지 않는다. 아무런 준비 없이, 목표 없이 전투에 임하는 꼴이다. 준비 없이 "돌격 앞으로!" 하면 어디로 갈지 헤매다가 가장 먼저 적에게 죽는다.

study point 확인

우리는 책을 읽기 전에 제목과 작가를 확인한다. 제목을 보고 내가 좋아할 만한 내용인지, 작가가 그전에 어떤 작품을 썼는지 간략하게 확인하고 책장을 넘긴다. 교과서의 단원을 시작할 때도 적어도 그 정도의 노력은 기울여야 한다. 단원명을 확인하고 배울 내용을 짐작하는 것만으로도 일종의 예습이 된다. '이제부터 이런 내용을 공부할 거야'라며 스스로를 준비시킨다. 어떤 사람은 "모로 가도 서울만 가면 된다The end justifies the means"라고 한다. 과연 그럴까? 빙 둘러 가면 노력은 노력대로 하면서 시간은 더 오래 걸린다. 우리에게는 주어진 시간이 많지 않다.

수업을 하다가 학생들에게 "1단원에서 배우는 내용이 무엇이니?"라고 물어보면 당연하다는 듯 "몰라요"라고 대답하는 경우가 많다. 영어 교과서의 경우, 각 단원마다 학습목표가 두 개 정도 제시되어 있다. 단원명을 보고 study point를 확인하면 그 단원에서 중점적으로 배울 내용을 확실하게 알 수 있다.

영어 교과서에 나오는 'Study point'는 말 그대로 그 단원의 학습목표이기에 시험이나 평가의 중요한 기준이 되기도 한다. 선생님들도 그 학습목표를 중점으로 문제를 만든다. 핵심 문법 사항 두개와 익혀야 하는 회화표현이 정리되어 있다. 공부가 나중에 어느정도 진행이 되었을 때에도 학습목표를 다시 한 번 확인하면서 내가 공부하는 내용에 대해 점검하면 복습에도 상당한 도움이 된다.

제대로 본문 읽기

대단원명과 마찬가지로 소단원명, 각 글의 제목을 읽고 그 의미를 짐작해보면서 본문 읽기를 하는 것이 좋은 학습 태도이다. 책 내용을 표면적으로 습득하는 것에 그친다면 학생들이 얻어가는 것은 적다. 오직 스스로 학습 내용의 의미를 이해하고자 노력하고 불완전한 부분을 해결하려고 애쓸 때 비로소 공부의 목적을 달성할 수 있다. 학교에서 선생님도 교과서를 기준으로 교육과정에 제시된 내용과 그와 관련된 지식을 가르치고 관련 유인물을 나눠주신다. 하지만 어떤 자료를 사용하고 어떤 기술을 발휘하더라도 선생님이 일방적으로 전달하고 학생은 수동적으로 받아들이는 수업에서는 학생들에게 학습해야 할 내용을 온전히 전달할 수 없는 것이 사실이다. 교실 풍경을 떠올려보자. 선생님은 한 명이고, 학생은 한 반에 30명이 넘는데 각자 학업 속도가 다르다. 누구는 충분히 이해했지만, 누구는 부족할 수 있다. 공부를 할 때 적극적으로 의미를 유추해보면서 나만의 공부를 해나가야 한다. 공부는 전적으로 나의 몫임을 이해하자.

본문을 다 읽으면 본문 아래에 간략한 문제가 페이지당 2, 3개 정도 있다. 이 문제는 처음부터 풀기보다는 어느 정도 본문에 대한 이해가 되었다고 판단될 때 교과서나 영어 노트에 풀어두면 내용에 대한 이해도를 확인하는 데 많은 도움이 된다.

각 단원별로 본문 속에는 해당 단원의 문법 포인트가 2개 있다. 영어를 힘들어하는 학생들이 공통적으로 가장 어려워하는 부분이 문법일 텐데, 사실 영문법은 영어 문장의 규칙일 뿐임을 인지할 필요가 있다. 우리가 축구를 배울 때 축구 규칙을 먼저 외우고 시작하지는 않았다. 공을 가지고 친구들과 놀면서 하나씩 배웠을 것이다. 영어 문장 속의 규칙에 익숙해지는 방법은 가능한 한 본문을 많이 읽어보면서 문장 속에서 보이는 문법 구문에 익숙해지는 것이다. 특히 학교 시험은 해당 단원의 문법 핵심 포인트가 문제로 나올 수밖에 없다. 그것이 시험을 만드는 교육부의 문제 지침이기도 하다.

친구들 사이에서 일타강사

문법을 공부할 때는 다른 사람에게 설명한다고 생각하면서 공부해보기를 추천한다. 나 역시도 영어강사로 학생들을 가르치면서 오히려 더 많이 배울 수 있었다. 영어를 어려워하는 학생의 시각으로 접근하고 학생이 이해하기 쉽도록 전달하는 방법을 연구하다 보니, 강사인 나도 확실하게 모르는 부분이 있다는 것을 확인할 수 있었다. 이는 다시 부족한 부분을 꼼꼼하게 공부하게 하는 좋은 동기가 되었다.

눈으로 읽는 것과 남에게 설명하는 것은 분명 다르다. 내가 확실히 이해해야만 막힘없이 말로 자연스럽게 표현할 수 있다. 앞서 학습 내용을 예상하면서 본문을 읽었듯이, 문법도 선생님의 입장에서 주변 친구들에게 설명하다 보면 혼자 공부할 때 보이지 않던 부분이 보이기 시작한다. 전체적으로 더 넓은 시야를 가지게 된다.

Catching his breath①, Nobel kept reading②. Soon, he became even③ more shocked. The article described him as④ the inventor of dynamite and other dangerous objects for war. It said that he had become⑤ rich from the deaths of others.

위의 문단은 중학교 3학년 영어 교과서의 지문이다. ①에는 분사구문이 쓰였고, ②에는 Keep ~ing 구문이 쓰였다. ③은 비교급 강조 부사이며, ④에는 describe A as B, ⑤에는 과거완료 구문이 있다. 어떻게 설명해야 좀 더 이해가 될까, 어떤 부분이 중요할까 고민하다 보면 내용을 더 깊이 이해하는 것은 물론이고 '내가 선생님이라면?' 생각하면서 시험에 나올 만한 예상 문제까지 떠올리는 경지에 이르게 된다. '내가 부족한데 어떻게 다른 사람을 가르칠 수 있을까?'라는 생각은 하지 않아도 된다. 잘 가르치지 못해도 좋다. 누군가를 가르쳐보는 연습을 통해서 스스로 배우는 것이 나의 첫 번째 목적이 되도록 하자.

내가 모르는 것을 물어봐줘

EBS 프로그램 〈공부의 왕도〉에 나왔던 친구의 사례다. 고등학교를 다니는 내내 전교 일등을 놓치지 않은 S군은 친구들 사이에서 '또래 선생님'으로 통했다. S군은 '가르치면서 가장 많이 배운다'는 말을 믿었다. 쉬는 시간만 되면 친구들이 S군의 자리로 모여들었다. S군은 이미 아는 내용을 친구가 물어오면 머릿속에 개념을 한 번 더 정리하는 기회로 삼고 자세히 가르쳐주었다. 묻지 않은 부분까지 일부러 자세히 설명하면서 친구들이 이해할 수 있도록 설명했다.

이는 S군의 영리한 전략이었다. 친구들에게 가르쳐주면서 스스로 관련 개념까지 다시 점검하는 기회로 적극 활용했던 것이다. 친구가 S군이 미처 생각하지 못한 부분을 물어오면 더욱 도움이 되었다. 친구들의 참신한 질문은 S군이 잘 몰랐던 내용을 확인할 수 있는 절호의 기회인 셈이었다. "어떤 애들은 친구들이 질문을 하면 귀찮게 여기고 거절하기도 하는데, 저는 질문을 피할 이유가 전혀 없어요. 그 친구에게도 저에게도 모두 도움이 되거든요."

S군의 사례에서 보듯 '가르치듯 공부하면' 세 가지 장점이 있다.

첫째, 개념이나 원리를 확실하게 이해할 수 있다. S군처럼 고득점을 얻기 위해서는 미심쩍은 부분이 조금이라도 남아 있어선 안 된다. 어려운 문제일수록 기본 개념을 확실히 알고 있는지 여부를 묻는 경우가 많기 때문이다. S군은 방송에서 "친구들의 질문에 답하다 보면 쉽다고 여겼던 내용도 설명이 막히곤 했어요. 정리해서 남을 가르칠 정도가 돼야 진짜 이해했다 볼 수 있죠. 그리고 그 덕분에 저는 시험문제에서 실수를 줄일 수 있었어요"라고 했다.

두 번째, 친구에게 설명하다 보면 자신이 정확하게 어떤 부분을 잘 모르는지 짚어낼 수 있게 된다. 일종의 메타인지metacognition다. '메타인지'는 1970년대 심리학자 존 프라벨에 의해서 만들어진 용어로, '내가 무엇을 알고 모르는지, 내가 하는 행동이 어떠한 결과를 낼 것인지에 대해 아는 능력'이다. 실제로 EBS 제작팀이 전국모의고사 석차가 0.1퍼센트 안에 들어가는 학생들과 평범한 학생들을 비교하는 실험을 했다. 실험 결과, 이 두 집단의 차이는 기억력도 지능지수IQ도 아닌, 그렇다고 부모의 재력도 아닌, 바로 메타인지의 차이라는 것이 밝혀졌다.

스스로 다소 힘들게 느끼는 문제에 부딪히면 S군은 아무나 붙들고 일단 가르쳤다. 학생이 되어주는 친구는 주로 S군 주변에 있는 친구들인데, S군이 모르는 문제는 그들도 모를 가능성이 훨씬 높았기 때문이다. 배우는 그 친구도, 가르치는 S군도 도움이 되는 것은 물론이다.

가르치는 공부의 마지막 장점은 영어뿐 아니라 다른 모든 과목에서도 적용해볼 수 있는데, 그것은 바로 여러 내용과 개념을 종합적으로 한 번에 정리할 수 있다는 점이다. 어려운 문제일수록 응용 문제인 경우가 많다. 앞서 영어 예문에서 봤듯이 한 문장에 관계대 명사, TO부정사, 시제일치, 수일치 문제 등 여러 문법적인 요소가 한 번에 들어갈 수 있다. 여러 개념을 연결지어 친구에게 설명하다 보면 모든 것을 종합한 영어 구문의 큰 그림이 보이면서 스스로 정리할 수 있는 기회가 된다.

12

읽기를 통해
점을 연결하라

"you can't connect the dots looking forward; you can only connect them looking backward. So you have to trust that the dots will somehow connect in your future. You have to trust in something — your gut, destiny, life, karma, whatever. This approach has never let me down, and it has made all the difference in my life(당신은 앞으로의 점을 연결할 수 없습니다. 오직 뒤로만 그것들을 연결할 수 있습니다. 그렇기 때문에 우리는 그것이 어떤 방식으로는 우리

의 미래에 연결될 것이라는 것을 믿어야 합니다. 당신은 당신의
육감, 운명, 삶 그 자체, 업보 혹은 무엇이든 그것을 믿어야 합니
다. 이러한 접근방식은 저를 절대 실망시키지 않았습니다. 그
리고 제 삶의 모든 변화를 만들었습니다.)"

스티브 잡스의 2005년 스탠포드 대학교 졸업식 연설문의 일부이
다. 그는 이 연설에서 자신의 인생을 돌아보며 '점과 점을 잇는 선'
에 대한 이야기를 풀어냈다. 그는 "지금 하고 있는 일이 자신의 인
생에 어떤 '점dot'을 찍는 것이고, 이 점이 미래에 어떻게 이어질지
미리 예측할 수는 없다"라고 말했다. 하지만 먼 훗날 과거를 돌이
켜보면 서로 관련 없어 보이던 그 점들이 신기하게도 지금의 삶과
전부 연결되어 있었다고 했다.

어떤 분야에 대해 우리가 똑똑해지려면 경험하고, 지식을 쌓고,
모범 사례를 접함으로써 그 분야와 관련된 점을 충분히 모으고 연
결해야 한다. 그 점은 앞으로 우리의 미래에 어떻게든 연결될 것이
다. 뇌신경학자들에 따르면 우리의 뇌도 본디 관련된 점을 모아 군
집group으로 만들고 이해하게끔 프로그램되어 있다고 한다.

언어학습에서 점을 찍는다는 것

뇌의 이런 특성은 모국어 학습에서도 마찬가지다. 우리가 글씨

쓰는 법을 처음 배웠을 때를 떠올려보자. 대부분 자음부터 하나씩 배우기 시작했을 것이다. 글자의 모양은 어떻고, 발음은 어떻게 하고 등 인내심을 가지고 부모나 선생님과 함께 하나씩 배워나갔을 것이다. 이렇게 배운 것들이 우리 머릿속에는 하나의 점들로 축적되었다.

ㄱ, ㄴ, ㄷ, ㄹ……

뇌는 조금씩 점을 잇고, 순서대로 정리해서 그룹을 짓고, 자음과 모음을 구별하기 시작한다. 각 음절에 대한 개념도 조금씩 생긴다.

가, 나, 다, 라……

나아가 이 점들이 단어의 형태로 그룹 짓기 시작했을 것이다. 이제는 주변 세상을 더 깊이 이해하기 위해서 다양한 그림뿐 아니라 주변에 있는 물체와도 글자가 연결된다.

가다, 나는, 다람쥐, 라면……

이 시점이 지나면서 단어와 개념을 함께 묶어서 구(어구, 語句,

phrase)와 문장, 문단을 만들기 시작한다.

나는 편의점에 가서 라면을 먹고 오다가 다람쥐를 봤어.

지금은 구와 문장, 문단에 관한 지식이 이미 우리 머릿속 깊이 새겨져 있으므로 이 글을 읽는 동안 딱히 의식하지 않고도 읽기라는 행위가 자연스럽게 이루어진다. '나는'이 어떤 의미인지, '편의점에'가 어떤 의미인지, '가서'가 어떤 의미인지, 자음과 모음이 결합되어서 어떤 소리가 만들어지는지 이제 일일이 생각할 필요가 없는 것이다.

뇌는 이렇게 점과 점을 연결하고 그룹을 지으면서 저장을 한다. 영어에서는 이를 '청크chunk'라고 부른다. 청크란 '한 호흡에 말하는 길이'라는 뜻인데, 이는 곧 뇌의 '집중범위'이기도 하다. 뇌과학자들은 우리 뇌가 최대 7개를 순간적으로 기억할 수 있다고(평균적으로는 4개) 말한다. 전화번호나 우편번호가 왜 3~4자리로 나누어져 있는지를 보면 이해가 될 것이다.

공부를 많이 하면 점으로 그룹 지어진 '주의집중 영역(청크)'이 크게 확장된다. 한 번에 담을 수 있는 정보가 커지는 것이다. 점들이 연결됨으로써, 즉 정보의 조각이 묶임으로써 한 번에 수용하고 처리할 수 있기 때문에 뇌의 처리 속도가 빨라진다.

책을 읽을 때 우리는 글자를 하나씩 처리하기보다 단어와 문장을 한 번에 묶어서 처리함으로써 더 효율적으로 글을 읽게 된다. 피아노를 몇 주밖에 치지 않은 사람은 악보 속 음표를 하나하나 따라가기에 급급한 반면, 전문 피아니스트는 음악 작품을 구성하는 멜로디, 화음, 박자 등의 요소를 더 수월하게 처리하는데도 여유가 있다. 피아노를 치면서 '오늘 저녁 뭐 먹지' 고민할 수도 있다.

영어 원서를 많이 읽을수록 그 청크는 점점 크게, 또 많이 형성되면서 뇌 속에서 한 번에 처리되는 정보가 많아지게 된다. 모국어처럼 한 번에 처리하는 영역이 넓어지면 글을 이해하는 속도가 빨라진다. 처음에는 한 문장, 나중에는 두 문장이 한 번에, 그리고 두세 줄의 문장이 한 번에 이해가 가능해질 수 있다. 어쩌면 속독의 비밀도 이런 것일지도 모르겠다. '크게 몇 개의 청크로 한 문단씩 읽어내는 것.'

영어책 읽기를 통해서 우리는 지식을 얻는 것은 물론이고 영어를 청크 단위로 크게 머릿속에 확장하는 훈련을 할 수 있다. 청크로 된 문장에 익숙해지면 영어 듣기를 할 때에도 훨씬 자연스럽게 청크 단위로 인식하면서 듣기 속도가 빨라지게 된다.

I would like to have time with friends(나는 친구와 시간을 보내고 싶다).

이 문장은 간단하게 I would like to(나는 하고 싶다)/have time(시간을 보내는)/with friends(친구와)로 나눌 수 있다. I/would/like/to/have/time/with/friends처럼 하나씩 나눠지지 않는다.

좀 더 긴 문장을 보면,

While we're walking or traveling, we normally spend than a second looking at every objects that we encounter.

이 문장도 While we're walking or traveling(우리가 걷거나 이동하는 동안),/we normally spend less than a second(우리는 대개 잠시도 시간을 보내지 않는다)/looking at every objects(일상의 사물을 보는 데)/that we encounter(우리가 우연히 마주치는)로 나눌 수 있다.

머릿속에 청크 단위가 많아지면 하나씩 끊어서 들을 때보다 훨씬 더 여유 있게 듣기도 가능해진다. 영어머리가 되는 방법은 머릿속에 연결 가능한 점들을 가득 쌓아놓는 것이다. 그리고 그 쌓아놓은 점들을 크게 묶어놓는 것이다.

책 읽기는 점을 수집하고 연결하는 일이 얼마나 강력한 힘을 발휘하는지를 보여주는 좋은 사례이다. 우리 뇌는 새로운 것을 배우면 외부환경으로부터 받아들인 정보를 기억 속으로 옮겼다가 기존에 가지고 있던 정보들과 묶어서 나중에 사용(인출)한다. 태어난 순간부터 죽는 날까지 뇌는 이 과정에 열중한다. 영어머리가 되는 것은 새로운 정보, 즉 새로운 점들을 끊임없이 수집하고 연결하고 습득하는 과정이다. 책을 읽고, 영어로 된 영상물을 많이 보고, 영어공부를 하면서 '점들'을 계속 쌓아간다. 똑같은 '점'은 없다. 하루종일 TV를 보거나 페이스북과 인스타그램을 보면서 '영어를 잘했으면', '영어머리가 되었으면' 하고 기대하는 것은 어리석은 일이다. 머릿속에 영어의 점 혹은 청크를 많이 쌓아놓으면 어느새 나도 영어로 읽고, 쓰고, 듣는 영어 전문가가 되어 있을 것이다. 영어가 점점 쉬워질 것이다.

3장

단어 암기에서
독해와 시험까지

≫— 13 —→

단어를
저축하라

영어책을 펼치면 머릿속이 하얘진다. 공부하기 싫어진다. 두통이 오는 것 같다. 왜 책을 펼쳤는지, 내가 이것을 왜 해야 하는지 모르겠다. 책을 읽어야 하는 건 알지만 마음은 이미 책을 덮어버렸다.

우리는 기본적으로 불편한 것을 싫어한다. 공부가 싫은 것은 공부 자체가 아니라 공부로 인해 야기되는 불편함 때문이다. 친구가 있다. 그 친구는 나와 비슷하게 놀고, 나와 비슷하게 공부를 한다. 옆자리에서 그 친구가 노는 것을 보면 한심해 보일 때도 있다. 그런데 시험을 치르고 막상 성적표를 받아보니 그 친구가 나보다 훨씬 더 높은 점수를 받았다.

이 예상치 못했던 상황이 우리를 불편하게 만든다. 그러다가 우리의 마음은 '편리한' 해결책을 내놓는다. '그래, 녀석은 운이 좋았을 뿐이야', '다른 속임수를 썼겠지' 하고 생각한다. 나의 부족한 실력 때문이라고 생각하지 않는다.

한 영화에서 오래 사귀었던 커플이 콩나물비빔밥 때문에 헤어지는 장면을 본 적이 있다. 결과적으로는 이런 사소한 문제로 헤어지지만, 사실 그 둘 사이에는 오래 묵은 문제가 있었다.

냉정하게 말해서, 내가 친구보다 성적이 나쁜 이유는 그 친구에 비해 그동안 내가 쌓아왔던 실력이 부족해서다. 내가 그녀와 헤어진 이유가 콩나물비빔밥이 아니라 그동안 그녀와 나 사이에 쌓아왔던 묵은 문제를 제때 해결하지 못해서인 것과 같다. 문제의 근본 원인을 보는 대신 스스로 만든 결과에 대해서 변명하면서 피해자 코스프레를 하는 것은 아닌지 생각해봐야 한다.

영어공부를 하지 않고 딴짓을 하는 이유도 마찬가지다. 문제의 근본 원인은 다른 데 있다. 우리는 텔레비전, 정크푸드, SNS, 담배, 비디오게임을 탓한다. 엄마는 왜 하필 내가 공부하려고만 하면 티비를 켜는지, 동생은 내가 공부하려면 왜 말을 시키는지 하면서 다른 사람을 원망한다. 공부에서 비롯되는 불편을 해결하지 않고 주변에서 변명 거리를 찾기 바쁘다.

우리의 영어 실력이 바닥인 이유는 사실 공부가 부족한 탓이 가장 크다. 영어책만 펴면 딴짓에 손이 가는 이유는 영어책이 나를 불편하게 만들기 때문이다. 영어책을 읽음으로써 내가 얻게 되는 편익보다 지금 당장의 고통이 더욱 크기 때문이다. 오랜만에 큰마음 먹고 책상에 앉았는데 10분마다 나도 모르게 손이 스마트폰으로 간다. 페이스북 친구의 소식이 너무도 궁금해진다. 갑자기 100분 토론의 주제가 내 인생에 큰 영향을 미칠 것 같다.

영어를 잘하기까지는 매우 긴 여정이 필요하다. 그 여정이 계속해서 나를 고통스럽게 만든다면 주변의 작은 유혹에 쉽게 넘어갈 수밖에 없다. 이 불편한 상황을 해결하려면 가까운 곳에서부터 공부의 재미를 찾아야 한다. 우리는 아는 것, 이해가 된 것에 대해서는 재미를 느낀다. 영어에 재미를 느끼려면 일단 '알아야' 한다. 알면 조금씩 재미를 발견할 수 있다. 그러기 위해서는 우리를 가장 불편하게 만드는 영어단어부터 정복해야 한다. 단어를 알아야지 독해를 하는 재미, 듣기를 하는 재미, 말하고 쓰는 재미를 느낄 수 있다.

단어 외우기

영어공부에서 처음으로 마주치는 장애물이 바로 영어단어 외우기다. 영어단어 암기는 남녀노소 누구나 어려워한다. 어떤 사람은 영어사전을 통째로 외우는 것을 목표로 하면서 한 페이지를 외울 때마다 찢어서 먹어버렸다고 한다. 염소도 아니고 비싼 영어사전을 왜 굳이 찢어 먹었는지 모를 일이다. 차라리 그 돈으로 김밥 한 줄 사서 먹고 힘내서 외우는 것이 백 배 낫다고 본다.

　이미 영어단어를 외우는 방법들이 많이 있고, 지금도 영어단어 관련 책이 수없이 쏟아져 나오고 있다. 그중에서 한때 전국적으로 학생들 사이에서 굉장히 히트를 쳤던 방법을 소개하겠다. 영어를 한글 발음과 비슷하게 연결해서 외우는 것이다. 예를 들면,

- crop(농작물)→크랍→커라! 압!: 농작물에게 얼른 자라라며 크라(커라) 압! 하고 기합을 넣어주는 농부
- disease(질병)→디지즈→뒤지즈→뒤지다→병들어 뒤지다(죽다)
- admonish(혼내다)→어드마니쉬→어디에다가 쉬를 쌌어? 혼내야 되겠네→혼내다
- usher(안내하다)→어셔→어서 옵쇼!→안내하다
- souvenir(기념품)→수베니어→수건이요! 기념품 사세요→기념품
- flaw(플로)→플로→(흠이 생기면) 풀로!→흠, 결점

이 방법은 고대 로마시대의 '기억의 궁전Mind Palace'이라는 기억법과 흡사하다. 기억의 궁전이란 특정한 이미지를 상상하고 내가 움직이는 동선에 따라 기억해야 할 것들을 배치하는 방법이다. 『아인슈타인과 문워킹을Moonwalking With Einstein』의 저자 조슈아 포어Joshua Foer는 메모리 마스터인 에드 쿡Ed Cook의 단기 과외를 통해서 평범한 기자였던 자신이 전미메모리챔피언십U.S. Memory Championship에 참가하여 우승을 거둔 이야기를 썼다. 그는 책에서 이미지를 사용한 기억법으로 외국어를 마스터하는 기억술사의 사례에 대해서도 이야기했다. 내가 이미 알고 있는 익숙한 이미지에 새로운 정보(단어)를 연결하면 그 정보가 좀 더 오래 장기기억에 머문다. 고대 로마의 뛰어난 연설가들은 이 같은 이미지의 기억으로 장문의 연설문이나 시 등 다양한 것을 외웠다고 한다.

한때 이 방법을 소개한 책이 영어학습서뿐만 아니라 서점 전체 베스트셀러 목록에 오랫동안 머물렀다. 자신이 직접 떠올린 이미지로 영어단어를 기억하는 방법이 재미가 있었기 때문이다. 많은 학교 선생님들이 학생들에게 추천하기도 했다. 이 방법은 학습자의 불편한 마음을 줄여줄 뿐만 아니라 영어단어를 더 오래 기억하게 해주는 효과도 있었다. 분명 외워야 할 단어가 적을 때나, 혹은 영어 초심자에게는 알맞은 방법이다.

그러나 이 방법은 장점만큼이나 단점도 분명하다. 우선 단어의 수가 많아지면 기억하는 데 힘들어질 수 있다는 점이다. 이렇게 단어를 외우고, 또 단어마다 스토리를 기억하는 데에는 학습자에게 이중의 노력을 요구한다. 이를테면, 공인영어시험의 경우에 필수 어휘가 많은데 이 어휘마다 일일이 스토리를 만들어 외우는 것은 사실 불가능에 가깝다.

나는 지금껏 많은 방법들을 찾아봤고, 지금도 서점을 갈 때마다 더 효과적이고 더 쉬운 방법이 없을까 고민하면서 영어학습 코너를 가장 먼저 들른다. 수많은 방법들을 살펴보면서 내린 결론은 이 것이다. 일단 닥치고 외울 것! 그리고 반복할 것!

어원별로 암기하기

영어단어를 효과적으로 암기하는 두 번째 방법은 어원word root별로 외우는 것이다.

많은 영어단어에는 어원이 들어 있다. 그리고 하나의 어원을 알면 그 어원에서 파생된 비슷한 단어를 알 수 있게 된다.

예를 들어, 'ex'라는 어원을 보자. 'ex'는 단어 속에서 '밖으로' 또는 '넘어서'라는 뜻을 갖는다. 따라서 'ex'가 들어간 단어라면 '밖으로' 또는 '넘어서'와 관련된 의미를 유추해볼 수 있다.

말하자면 다음과 같다. exhale(숨을 내쉬다), expand(확장하다), explicit(뚜렷한), exceed(초과하다), export(수출하다)처럼 어떤 단어에

[어원으로 뜻을 유추하자!]

'ex'가 포함되어 있다면 그 단어들은 '밖으로' 또는 '넘어서는' 것과 관련이 있다고 예측해볼 수 있는 것이다. 이때 앞서 말했던 자신만의 상상력을 동원하면 더욱 좋다.

영어단어의 어원들은 그리스어와 라틴어에서 기원한 것이 많다. 이는 뿌리가 같은 스페인어나 프랑스어, 독일어 등 다른 여러 언어와도 밀접한 연관이 있다. 영어권 사람들이 제2외국어로 스페인어를 선택하는 경우가 많은데, 이는 스페인어와 영어가 비슷하거나 아예 같은 단어가 많기 때문이다. Actor, Alcohol, Balance, Civil, Chocolate 등 1,000개 이상의 단어가 동일하다. 이와 같이 영어단어를 어원별로 공부를 하면 나중에 다른 언어를 공부할 때도 도움이 된다.

물론, 어원별로 외우는 것도 학습자의 어휘 수준이 어느 정도 되어야지 효과가 있다. 어원별로 효과적으로 외우기 위해서는 활용 빈도가 높은 기본 어휘를 단어와 의미의 1:1 대응으로 우선 외우는 것이 가장 빠른 길이다.

- apple→사과
- music→음악
- run→달리다

단순해 보이지만, 영어 초보에게는 이런 식으로 기본 어휘를 가능한 한 많이 쌓는 게 중요하다. 그것이 가장 빠르고 효과적이다. 나중에 하나의 단어가 여러 의미를 가지는 다의어 같은 경우에는 문맥 속에서 살펴보면서 그때그때 예문을 통해서 확인하면 된다. run이 '달리다'의 의미 이외에 '(사업체)를 운영하다', '(기계를) 작동시키다' 등의 의미로 쓰는 경우는 나중에 익히면 된다. 각 단어별로 모든 활용을 기억할 수도 없고, 어렵게 기억을 했다고 해도 또 쉽게 잊게 된다. 나중에 그 단어를 또 볼 때가 있을 테니 잠깐 모른 척해도 된다. 그렇게 해야만 앞으로 나아갈 수 있다.

내가 이미 알고 있는 단어의 기본 의미에서 점점 확장하는 방법으로 학습을 해야 한다. 단어의 의미를 1~10번까지 한 번에 쭉 외우려고 욕심을 내면 머리만 아프고 진도가 나가지 않는다. 일단 기본 어휘는 단어와 뜻을 1:1로 연결해서 외우고, 그 외의 단어는 나중에 글의 문맥을 통해서 볼 때마다 확인하면 된다. 단어 암기에도 순서가 있다.

암기는 정말 별로일까?

사람들은 일반적으로 '암기'에 대해서 부정적인 태도를 가지고 있다. 암기는 무식하고, 효과적이지 않으며, 학습자를 괴롭힌다고 생각한다. 암기 말고, 21세기를 사는 지금 우리에게 좀 더 효과적인 방법은 없냐고 묻는다.

결론부터 말하면, 암기 자체는 나쁜 것이 아니다. 암기가 이해를 방해하는 것도 아니다. 아니, 오히려 그 반대다. 암기를 해야 정확히 이해할 수 있는 부분이 있다. 이해란 기존에 알고 있던 지식과 지식의 연결을 통해서 이루어지는데, 평소에 외워둔 지식이 없다면 개념들을 연결 짓는 것이 사실상 불가능하다. 이해가 부족하니 논리적 사고도 기대할 수가 없다. "암기할 필요가 없어! 구글에 다 있어!"라고 말하는 사람도 있지만, 기본적인 것을 모르면서 구글에서 무엇을 검색해야 하는지 어떻게 알겠는가?

그러면 효과적으로 암기하기 위해서는 어떻게 해야 할까? 반복이 필수적이다. 심지어 이미 외운 단어조차도 반복을 해야 잊지 않

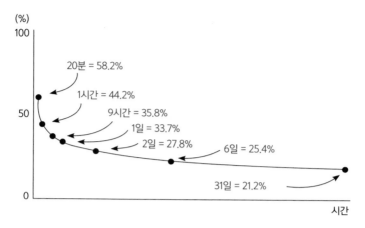

(%)
100

20분 = 58.2%

1시간 = 44.2%

9시간 = 35.8%

50

1일 = 33.7%

2일 = 27.8%

6일 = 25.4%

31일 = 21.2%

0

시간

[에빙하우스 망각곡선]

는다.

　16년간 '기억'을 연구했던 독일의 심리학자 에빙하우스의 이론에 따르면, 한 번 들은 정보는 한 시간 후 50퍼센트 정도 날아간다고 한다. 그러니 한 번에 모든 것을 집중적으로 외우려고 노력하는 것보다는 "일정 시간의 범위에 분산 반복을 하는 것"이 더 효과적이라고 말한다. 에빙하우스의 주장에 따르면, 망각은 학습 후 10분 후부터 시작되며, 한 시간 뒤에는 약 50퍼센트, 하루 뒤에는 70퍼센트, 한 달 뒤에는 80퍼센트를 망각한다.

　이러한 망각으로부터 기억을 지켜주는 가장 효과적인 방법은 '복습'이다. 에빙하우스는 복습에서 그 주기가 매우 중요하다는 것을

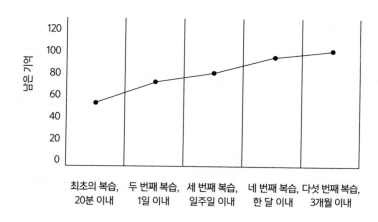

[효과적인 복습 주기]

발견했다. 그는 10분 후 복습하면 하루 동안 기억되고, 다시 하루 뒤에 복습하면 일주일 동안, 일주일 뒤에 복습하면 한 달 동안 기억하고, 한 달 뒤에 복습하면 6개월 이상의 장기기억으로 넘어간다고 한다.

그렇다면 이제는 명백해졌다. 영어의 망각에서부터 벗어나고 싶은가? 그러면 외우자! 복습하자!

단어를 확실하게 저축하는 방법

시중에 나와 있는 단어장을 구입한다. 어떤 단어장이라도 상관없지만 이왕이면 어원별로 정리된 것을 추천한다. 그리고 단어장에 나와 있는 하루 분량의 단어를 빠른 속도로 암기한다. 여기서 핵심은 한 번에 모두 외우려는 욕심을 버리는 것이다. 그냥 쓱 읽어보면서 노트에 한 번 적어보는 것으로 족하다. 철자를 일일이 손으로 쓰는 것이 괴롭다면 눈으로만 외워도 된다. 이왕이면 눈으로 읽으면서 발음을 해보는 것도 좋다. 단어를 외울 때 오감을 이용해서 가능한 한 다양한 자극을 주면 그 단어에 대한 인상이 머릿속에 심어진다. 우리 뇌는 손으로만 써서 외웠던 단어보다 다양한 자극으로 외운 단어를 중요하다고 인식한다.

단어를 보고 상상을 해보는 것도 좋다. 예를 들어, port라는 어원은 '나르다', '옮기다'라는 뜻이니까 transport를 외울 때 무언가를 '나르거나 옮기는' 것을 상상하는 것이다. 이렇게 하면 하루 분량을 모두 보는 데 15분이 안 걸릴 것이다.

다음 날에는 우선 1일차 분을 한 번 더 확인한다. 확실히 알고 있는 단어는 빼고 모르는 단어를 연필로 체크한다. 모르는 단어 위주로 한 번씩 소리 내어 읽어본다. 그리고 이제는 2일차 분을 새롭게 공부한다. 2일차 분을 공부할 때는 1일차 공부할 때와 같은 방법으로 한다.

3일차 분을 공부할 때는 2일차 때 공부했던 내용을 빠르게 보면서 모르는 단어만 체크한다. 그리고 1일차 때 공부했던 내용을 한 번 더 확인해본다. 생각보다 머릿속에 많이 남아 있는 것을 보고

	DAY1	DAY2	DAY3	DAY4	DAY5
1일째	최초 학습				
2일째	복습 집중	최초 학습			
3일째	모르는 단어	복습 집중	최초 학습		
4일째	모르는 단어(2)	모르는 단어	복습 집중	최초 학습	
5일째	모르는 단어(3)	모르는 단어(2)	모르는 단어	복습 집중	최초 학습

[하루에 하나씩!]

흐뭇할 것이다. 그러나 여전히 외워지지 않는 단어는 다시 한 번 더 체크한다. 체크는 본인이 원하는 방식으로 해도 된다. 별표도 좋고, 원도 좋고, 세모도 좋다. 그러면 1일차 때 공부했던 단어 중 몇 가지는 두 번 체크되어(2일차 때 했으므로) 있을 것이다.

4일차 때는 3일차 때 공부했던 것을 빠르게 확인하고, 1~2일차 때 했던 모르는 단어 위주만 확인한다. 그리고 한 번 더 외워지지 않는 단어를 체크한다. 몇몇 단어는 세 번 혹은 두 번 체크되어 있을 것이다. 체크된 단어 중에 암기가 된 단어는 체크된 부분을 삭제한다.

5일차는 4일차 단어를 꼼꼼하게 복습하고, 1~3일차 단어 중 체크되어 있는 것만 확인한다. 그리고 확실히 외워진 단어는 체크된 부분을 지우고, 여전히 외워지지 않는 단어는 다시 또 한 번 체크한다.

6일차부터는 다시 1일차처럼 새롭게 시작한다. (6일차는 첫 학습, 7일차 두 번째 학습으로 반복!)

30일이 채워지면 다시 1일부터 30일까지 한번 훑어본다. 에빙하우스의 이론에 따라 30일이 지났을 때 복습을 통해서 외웠던 단어들은 6개월 이상의 장기기억으로 넘어간다. 가능하면 한 달에 한 번 테스트를 해보는 것도 좋다. 요즘에는 출판사 사이트에 테스트 시험지나 어플을 제공하기도 한다. 이를 적극적으로 이용하면서 어휘량을 확인해보자.

초등학생이나 중학생이라면 굳이 영어단어장을 사서 외울 필요까지는 없다. 학원의 리딩 교재에 나오는 단어만으로도 충분하며, 하루에 5~8개 정도를 외운다는 가벼운 마음이면 된다. 어차피 외운 단어는 다음 날에 70퍼센트를 까먹게 되어 있다(에빙하우스 이론). 그렇다고 무리하게 반복하기보다는 다양한 교재들, 예를 들어 문법이나 리스닝을 공부할 때 겹치는 단어들을 보면서 자연스럽게 습득하는 것이 좋다. 만약 학원을 다니지 않는다면 EBS 방송 강의나 다른 유료 온라인 강의에서 사용하는 교재를 활용하는 것도 좋다.

영어수업에 이용하는 학습교재에 대해서 거부감을 가질 수도 있다. 그러면 본인이 원하는 영어 원서를 구입하거나 또는 아이들의 흥미를 돕는 책을 구매해서 거기에 나오는 단어를 정리하여 단어를 외우는 것도 좋은 방법이다. 일단 단어는 외워야 한다.

14

독해가
제일 큰 문제

"모두 아시아 지역 컨퍼런스 콜에 참여하세요."

팀매니저의 지시에 직원들이 하나둘 회의실에 모여들었다. 두근 두근 궁금했다. 외국계회사에 입사 후 첫 미팅이었다.

한때 내가 다녔던 회사는 당시 세계시장 점유율에서 1~2위를 다 투는 유명 모바일 기업이었다. 지금이야 회사원들이 대부분 사복 을 입지만, 내가 처음 직장생활을 하던 때만 해도 일반 회사에서는 양복을 입는 것이 불문율이었다. 그러나 우리 회사는 복장 규율이 없어서 공단지역에서 드물게 사복을 입을 수 있었다. 입사하기 전,

양복이나 회사 점퍼를 입은 우중충한 사람들 사이로 청바지에 사원증을 목에 건 그들의 모습이 정말 멋지게 보였다. 나는 일을 한다면 그 회사에서 꼭 근무하고 싶었다. 퇴근 후에도 영어가 적힌 파란색 사원증을 목에 걸고 버스를 탔다. 나는 이 회사에 들어온 것이 정말로 기뻤다.

회의가 시작됐다. 본사 중역executive director의 간단한 농담을 곁들인 인사말이 끝나고 인도의 지역담당 매니저regional manager부터 아시아 각국 팀매니저들의 발표가 시작되었다.

그리고 난 큰 충격을 받았다. 믿을 수가 없었다. 회의 중에 하는 이야기를 한마디도 알아듣지 못했다. 이럴 수가! 그동안 영어를 잘해왔고, 토익 점수도 상당했고, 나름 회화학원을 다니면서 외국인과 어느 정도 소통이 된다고 생각했는데, 난 그들의 이야기를 전혀 알아들을 수 없었다. 그러나 내색을 할 수는 없었다. 어떻게 들어온 회사인데, 능력 없는 사원이라는 인상을 줄 수는 없지! 주변을 보니 몇몇은 다이어리에 빠르게 메모를 하고 있고, 몇 명은 고개를 끄덕이며 질문 거리를 준비하고 있었다. 아무리 신입이라도 이건 아니다 싶었다. 나 자신에 대한 실망이 밀려왔다. 그동안 영어로 고생한 것이 얼마인데, 나름 영어가 괜찮다고 생각했는데, 내 수준이 이것밖에 안 되다니……. 그들만의 낯선 억양이나 발음이 문제가 아니었다. 처음에는 그렇게 변명하고 싶었다. 그러나 다른 동료들은 그들의 말을 이해하고 있었고, 이해하지 못하는 사람은 나 혼자뿐인 듯 느껴졌다.

그래 인정하자. 난 실력이 부족한 것이다. 그것도 아주 많이.

회의가 끝나고 팀매니저가 회의 내용을 다시 설명해주었다. 이런저런 사항이 있고, 이것저것을 각 팀별로 준비해야 된다……. 귀에 하나도 들리지 않았다. 나의 부족함을 처절히 느끼면서 앞으로 어떻게 이 상황을 헤쳐나가야 할지 고민을 했다. 업무도 업무지만 일단 영어부터 무조건 해결해야 했다. 하지만 안타깝게도 저것이, 그러니깐 '듣기'가 문제의 전부는 아니었다. 회사에서 일을 하면 할수록 나의 문제점이 조금씩 드러났다.

'쓰기'도 큰 문제였다. 대부분의 업무들이 이메일을 통해서 이루어지고, 그동안 주고받았던 이메일을 폴더별로 차곡차곡 저장하고 때에 따라 내용을 첨부하면서 업무를 진행했다. 처음에는 이메일 한 장 답장하는 것도 시간이 많이 걸렸다. 초등학교 때 하루 종일 끙끙거렸던 그림일기가 생각이 났다. 도무지 진도가 나가지 않았다. 메일을 보내고 받으면 거기에는 시간이 기록된다. 인도나 싱가포르에 있는 직원들은 메일을 확인하고 얼마 안 있어 바로 답장을 보내왔다. 사전을 뒤지고 번역하고 다시 원래 언어로 옮기는, 그러니깐 메일 쓰는 것이 그들에게는 나처럼 고된 작업이 아니었던 것이다.

'부.럽.다.'

그들은 영어를 훨씬 자유롭게 사용하고 있었다. 회의에서도 주도적으로 팀을 이끌고 질문을 하면서 능동적으로 참여했다. 그들도 아시아인이며 영어가 모국어가 아닐 텐데……. 급여도 우리나라 사람들보다 높았다. 시간이 흘러 나중에 그들과 업무를 해보니 그들의 생산성은 우리나라 사람들과 별 차이가 없었다. 우리나라 사람들은 주말에도 일하는 등 자기 시간을 포기하면서까지 그들보다 훨씬 더 열심히 일했다. 그들이 우리보다 급여를 더 많이 받는 이유는 무엇일까?

그렇다. 영어 때문이었다.

그들은 영어가 유창했다. 인정할 수밖에 없었다. 우리나라 사람들보다 영어로 더욱 자연스럽게 자신의 주장을 표현할 수 있었다. 생산성에서는 한국의 직원들과 비교해 큰 차이가 없을지 모르지만, 그들의 유창한 영어 덕분에 더 능력이 있어 보였다. '능력 있어 보이는' 그 모습이 외국인 오너로 하여금 그들에게 더 많은 연봉을 주도록 만들었다.

일단 독해가 되어야 한다

그렇다면 내가 그들처럼 도구로서의 영어를 유창하게 구사하기 위해서 가장 필요한 능력은 무엇일까? 지금 이 회사를 다니면서 가장 먼저 해결해야 할 문제가 무엇일까? 듣기? 쓰기? 말하기? 모두 해결해야 할 문제들이었지만 지금 당장 내가 해결해야 할 문제는 당황스럽게도 독해였다. 고등학교 수능도 보고 다년간의 영어 자격증 공부를 통해서 가장 자신 있다고 믿었던 영역이 오히려 내게 가장 취약했던 부분이었다.

회사에서 업무를 할 때 가장 많이 쓰는 능력은 '독해'였다. 일단 자료를 읽을 수 있는 능력이 필요했다. 대부분의 업무가 이메일과 자료 분석으로 이루어지는데, 독해가 안 되면 업무 자체가 힘들기 때문이었다. 물론 업무를 하다 보면 영어로 말해야 하는 경우가 생기기도 했다. 주로 다른 나라 사람들과 회의 때 영어로 말하는 능력이 요구되는데, 사실 회의에서 발언권을 가진 사람들은 주로 매니저 이상이었다. 그리고 매일 필요한 독해에 비해 말하기의 비중은 상대적으로 낮았다. 일단 해결해야 할 부분은 독해, 그다음은 쓰기, 듣기, 말하기 순이었다.

15

그럼 독해는
어떻게 공부해야 할까?

영어로 업무를 하려면 영어로 된 자료를 분석 및 정리하기 위한 읽기(독해)가 가능해야 한다. 전 세계 지식의 총량 중 약 70퍼센트가 영어로 되어 있으며 그 생산 속도 또한 계속 증가하고 있다. 지금 당장 컴퓨터를 켜고 구글 검색란에 아무 글자나 입력해보자. 영어로 된 정보의 양과 질이 다른 언어들의 검색 결과보다 월등하게 많다. 매일 새롭게 업데이트되는 최신 지식을 습득하는 가장 빠른 길은 '영어로 된 자료 읽기', 즉 독해다.

독해 위주의 공부는 우리나라 사람들이 오래 공부해왔던 수능영어의 공부 방향과 크게 다르지 않다. 우리의 중고등학교 공교육 방침이 시중에 나와 있는 수많은 영어공부법에서 비판하는 것처럼 아주 잘못된 것은 아니라는 점을 말해준다. 독해 공부는 영어 실력을 가장 빠르게 향상시킬 수 있는 길이다.

독해를 하려면 문장을 읽을 줄 알아야 하고, 문장을 제대로 읽으려면 단어를 알아야 한다. 영어단어를 8,000개 정도 알면 영어를 일상적으로 쓰는 입장에서 충분하다는 통계적 결론이 있다. 8,000개 단어라면 하루에 10개씩 800일, 주말에 쉴 것 다 쉬고 3년 안에 해결할 수 있는 양이다. 누구나 충분히 정복할 수 있는 양이다.

많은 사람들이 초중고등학생 시절뿐 아니라 성인이 되어 토익, 토플 공부를 하면서 단어도 많이 외웠고 지문도 많이 보았으니 당연히 독해가 되는 것으로 생각한다. 그러나 이는 엄청난 착각이다. 사실 대부분의 사람들이 영어책 한 권은커녕 긴 호흡으로 된 문장을 제대로 읽어본 경험조차 없다. 토익이나 토플에 긴 지문이 나오면 대개 감으로 찍는 편이다. 한글로도 책을 읽는 경우가 드문데, 영어로 된 긴 문장을 읽는 것은 더욱 힘들 것이다.

영어로 된 페이퍼백 소설에는 한 페이지에 보통 250~300개 정도의 단어가 들어 있다. 한 페이지당 단어 수가 200개쯤 되고 각 문장이 평균 20개의 단어로 이루어져 있다고 가정해보면, 적어도 한 문장에 10개 이상의 단어를 알고 있어야지 그 문장을 어느 정도 독해할 수 있다.

어떤 영어 전문가는 이렇게 말한다. "모르는 단어가 나와도 사전을 찾지 않고 읽다 보면 단어의 뜻을 유추할 수 있다"라고. 그러나 이것은 영어 원서를 읽을 때 한 문장에 모르는 단어가 2~3개에 불과한 고급 수준의 독해 능력을 가진 사람에게나 해당하는 말이다. 그 정도의 수준에 이르기 위해서는 학창시절에 했던 것처럼 단어를 일단 외워야 한다.

또 다른 영어 전문가는 독해 지문에서 모르는 단어가 나왔을 때 영한사전이 아니라 영영사전에서 찾기를 추천한다. 예전에 『영어 공부 절대로 하지 마라』라는 책이 베스트셀러가 되면서 저자가 언급했던 『Collins COBUILD Advanced Dictionary』(영영사전)도 덩달아 베스트셀러가 되기도 했다. 사전이 베스트셀러가 되는 것은 지금도 그렇지만 당시에도 흔치 않은 일이었다. 그러나 영영사전으로 공부하려면 영어학습자의 입장에서 많은 시간이 필요하다. 독해를 하다가 단어 하나를 찾기 위해서 영영사전을 펼치고, 그 사전에 풀이된 의미를 이해하지 못해 또 다시 다른 페이지를 펼치는 경우가 발생한다(요즘에는 사전 자체를 쓰는 사람이 거의 없을 테지만). 그렇게 영어로 된 지문 한 페이지를 이해하기 위해서 걸리는 시간은…… 후, 끔찍하다. 거의 측정 불가다. 그럼 영어 독해를 어떻게 해야 할까? 학창시절로 거슬러 올라가보자.

16

수능영어에서
힌트를 얻다

    우선 고등학교의 수능시험에 대해 이야기해보자. 성인 학습자라면 여기에서 독해시험 공부에 대한 힌트를 얻을 수 있을 것이다.

    대학수학능력시험(수능)은 말 그대로 대학에서 수학修學(학업을 닦음)할 수 있는지를, 즉 대학 공부에 기초가 되는 보편적인 학습 능력을 어느 정도 갖고 있는지를 평가하는 시험이다. 고등학교와 그 이전의 학교교육에서 가르친 지식을 얼마나 충실하게 공부했는지, 또 대학 공부에 필요하다고 여겨지는 사고력을 얼마나 갖고 있는지를 평가한다. 이 학생이 과연 대학교육을 잘 따라갈 수 있을지 평가하는 것이라고 생각하면 쉽다.

수능에는 몇 가지 특징이 있는데, 우선 학교 내신시험처럼 교과 목별(예를 들면 국어, 영어, 수학, 과학 등의 교과서) 시험이 아니라 여러 교과목의 공통적인 목표와 내용을 망라한 시험이라는 점을 들수 있다. 고등학교 교육과정의 수준에 맞추면서도 교과서에서 다루는 내용뿐 아니라 필요한 경우에 교과서 이외의 분야도 교육과정에 근거해서 포함되어 있다.

수능의 또 다른 특징은 사고력을 중심으로 평가한다는 점이다. 단편적 지식의 암기에 머무르지 않고 자료 해석, 원리 응용, 현상이나 사실에 대한 논리적 분석과 판단 등 사고력을 요구하는 문제가 중점적으로 출제된다.

수능영어는 정말 어려울까?

사실 수능은 학창시절의 '끝판 대장'에 해당하는 굉장히 어려운 시험으로 성인 학습자들은 대부분 이 과정을 겪어봤을 것이다. 수능이 끝나면 늘 언론에서 다루는 이야기가 있다. 그해 나왔던 수능 영어 문제를 외국 대학교 교수들이나 영어를 모국어로 사용하는 대학생들에게 풀어보게 하는 것이다. 그러면 그들은 문제를 잘 풀지 못하고, 개개인의 학력에 상관없이 대부분이 당황해한다. 그리고 이런 어려운 시험을 치르는 한국의 학생들이 불쌍하다고 한마디씩 거든다. 그들에게 영어는 일상적으로 사용하는 모국어지만, 그래서 말 그대로 영어의 직독 직해 능력을 갖추고 있지만, 우리나라 수능영어시험을 어려워한다.

자, 그럼 뉴스가 비판하는 것처럼 정말 수능영어시험에 문제가 많은 걸까? 꼭 그렇지는 않다. 이렇게 생각해보자. 수능의 국어언어영역은 영어와 달리 누구나 높은 시험 점수를 받는가? 백 퍼센트 한국어로 직독 직해가 되고, 한국어를 매일 사용하는 우리에게도 수능국어시험(혹은 학교 국어시험)이 늘 쉬운 것은 아니다. 지문이 있는 문제를 풀 때는 지문 내용에 대해서 이해해야 하는 것은 물론이고 시험 출제자의 의도를 파악해서 정답을 찾아야 한다. 영어시험도 마찬가지다. 원어민이 우리나라 수능영어 문제를 잘 못 푸는 이유는 영어가 그들의 언어임에도 시험용 영어에는 다른 해결 과정이 필요하기 때문이다. 문제를 풀기 위한 훈련이 필요한 것이다.

수능영어 듣기문제를 이해하는 팁

수능에서 영어영역은 듣기 17문항, 읽기 28문항이 출제된다. 듣기, 말하기, 읽기, 쓰기 네 영역에서 다양한 소재의 글과 대화가 제시되고, 영어로 소통하는 데 필요한 어휘 및 문법 능력, 사실적 이해력, 추론적 이해력, 종합적 적용 능력을 평가하는 문항들이 고루 출제된다.

수능시험의 듣기는 토익, 토플의 듣기와는 전혀 다르다. 듣기 수준을 비교하자면 토플>토익>EBS 전국영어듣기평가>수능이다. 그래서 대부분의 학생들은 듣기 공부에 큰 걱정을 하지 않는다. 중학교 때 주니어 토플 또는 토익 교재로 공부를 했다면 학창시절 동안의 영어 듣기시험은 충분히 준비가 가능하다.

학창시절에 듣기시험에 대해서 어려움을 느꼈다면, 우선 시험이 어떤 유형으로 나오는지 알고 시험을 치르는 게 좋다. 시중에 있는 사설 모의고사나 일반 영어듣기 교재로 듣기를 공부하다가 한국교육과정평가원의 내신 듣기문제나 수능 기출문제를 들으면 굉장히 속도가 느린 것을 느낄 수 있다. 보통 1분당 약 120~130단어 수준이다. (보통의 외국인은 180단어, 토익은 분당 140~150단어 수준이다.)

시험문제를 풀 때 느린 속도에 적응하지 못해서 시험을 망치는 경우도 있다. 의외로 듣기문제의 느린 속도가 문제를 풀 때 더 고역일 수도 있기 때문이다. 말을 유달리 느리게 하는 선생님의 강의를 들을 때나 친구와 이야기할 때 중간 중간에 나도 모르게 딴짓을 할 때가 있다. 듣기시험에서도 느린 속도 때문에 시험 중간에 딴짓을 하다 보면 어느 순간 다음 문항으로 넘어가서 앞 문제를 놓치게 된다. 수험생은 시험을 치르기 전에 느린 듣기 속도에 대한 충분한 훈련을 해야 한다.

영어듣기평가 문제의 정답률을 높이는 방법 중 하나로, 대화 속 인물들이 무한히 착하고 겸손하며 이타적이라는 것을 기억하자. 응답 추론 문제의 보기 중에서 '그럴 듯하지만 왠지 대답 내용이 삐뚤어진 답안'은 절대로 선택지의 답이 될 수 없다. 우리나라에서 가장 중요한 시험에서 삐딱한 답안이 나오면 문제가 될 것이다.

수능영어에서 듣기영역 만점은 기본

수능영어 듣기영역에서 2, 3점 때문에 영어 등급이 떨어지는 학생을 보면 너무나 안타깝다. 쉽다고 무시하지만 가끔씩 뒤통수를 칠 수 있는 것이 듣기임을 명심하자. 영어시험은 점심을 먹고 한창 졸린 시간에 시작한다. 그리고 영어시험의 시작은 듣기평가이다. 마인드 컨트롤을 할 필요가 있다.

듣기시험 중간 중간에 'Note Taking'을 하는 것도 좋은 방법이다. 특히 가격 계산하는 문제는 들리는 모든 것을 적을 필요가 있다. 예를 들어 대화 내용에서 사려고 하는 옷이 30달러라고 하면 's 30'이라고 간단히 적고, 10퍼센트 할인을 받은 건지 10달러를 깎아줬다는 건지 꼼꼼하게 체크해야 한다. 언급되지 않은 것, 일치하지 않는 것 등은 들으면서 하나씩 바로 지워나가 답을 찾아야 한다. 듣기시험이 끝난 뒤에는 본격적인 독해 지문이 시작된다.

독해문제를 잘 푸는 7가지 비결

독해문제의 유형은 다음과 같다.

① 글의 목적, 주장, 주제, 제목

② 일치, 불일치

③ 심경 변화, 문맥상 낱말의 쓰임, 빈칸

④ 어법

⑤ 문장 순서

⑥ 문장 삽입

⑦ 글의 요약

영어영역에서 총 45문제를 푸는 데 주어지는 시간은 70분이다. 이 중에서 듣기문제 17개를 푸는 데 필요한 시간은 안내방송까지 포함하면 약 25분이다. 따라서 나머지 28문제를 45분에 풀어야 하는데, 이는 한 문제당 약 1분 36초가 필요하다는 얘기다. 점심 먹고 졸린 시간에 듣기시험이 끝나고 영어 지문을 보면 눈으로는 분명 읽고 있는 것 같은데 머리에 들어가는 건 없고, 읽었던 지문을 반복해서 읽다가 아까운 시간만 잡아먹는 경우가 많다. 지문 내용은 알겠는데 보기에서 답을 찾지 못한 적도 있을 것이다. 시간 단축과 정확성을 원한다면 문제를 풀기 전에 다음 사항만은 꼭 기억하자!

문제 유형별 전략과 시험을 대비하는 방법을 공개한다.

① 글의 목적, 주장, 제목 — 마지막 파트를 읽고, 첫 파트를 읽자. 지문 전체를 빠르게 읽어내면 가장 좋다. 그러나 속독이 안 된다면 중요 부분만 읽고도 문제를 풀 수 있다. 글은 보통 앞에서 글을 쓴 목적을 이야기하고 끝에서는 말한 내용을 정리하면서 마무리하기 때문에 글의 마지막에 중심 내용이 위치한다. 그러므로 가장 중요하게 봐야 할 부분은 끝부분이며, 그 끝부분만 읽어도 어느 정도 선택지에서 답을 찾을 수 있다. 답에 대한 확신을 좀 더 높이고 싶다면 도입부를 빠르게 읽어보는 것도 좋다. 앞부분은 글의 핵심어가 무엇인지 언급되어 있어서 전반적인 내용 이해에 도움을 준다.

② 일치, 불일치 — 선택지 중에 5번부터 보자. 도표 문제 중에서 일치, 불일치 부분은 쉬운 유형이다. 정답률도 높은 편이다. 시간을 줄이는 방법은 보기의 선택지 중에서 밑에서부터(5번 선택지) 확인하고, 도표와 지문을 거꾸로 확인해보는 방식이다. 통계를 보면 보기 중에 4, 5번이 답인 경우가 많았기 때문에 시간을 많이 절약할 수 있다.

③ 심경 변화, 단어의 의미, 문맥상 낱말 쓰임, 흐름 관계x,

Q41~45번 문제 — 일단 다 읽어야 맞힐 수 있다. 시험에서 시간을 아끼는 이유가 이런 유형의 문제 때문이다. 여기서는 지문을 골라내서 선택적으로 읽으면 망한다. 백 퍼센트의 확신을 갖고 싶다면 무조건 글 전체를 읽어야 한다. 특히나 Q41~45번은 지문당 문제가 2개 이상이므로 한 번에 완벽히 읽는 것이 현명하다. 대신 빠르게 읽어야 한다. 빠르게 읽기 위해서는 평소에 공부를 할 때 영어 지문이 눈에 익을 수 있도록 반복해서 읽는 습관을 들이는 것이 중요하다. 일종의 연습이다. 같은 지문을 여러 번 읽다 보면 그 문제의 구문에 익숙해지고, 내용의 핵심을 점점 빠르게 파악할 수 있을 것이다. 꾸준히 하루에 한 시간은 독해문제집을 풀 수 있도록 하자. 주말에는 시간을 재면서 기출문제와 사설 모의고사를 풀면서 나름 독해문제를 분석해보는 것이 좋다. 앞서 말한 것처럼 독해문제당 1분 46초 안에 해결할 수 있도록 노력해야 한다. EBS 수능특강, 수능완성에서 수능시험문제가 연계되어 나오긴 하나 문제 유형이 달라지니 지문 자체를 전체적으로 이해하는 것이 중요하다. 문장 해석이 잘 안 된다고 생각되면 문장들의 구조를 나누어 하나씩 분석하면서 연습을 하자. 어디까지가 주어 부분이고 어디가 본동사이며, 어디가 형용사절 또는 부사절인지 구분해서 해석해본다. 시중에 구문독해문제집을 구매해서 연습해보기를 추천한다.

④ 어법 — 다 읽지 말고 보기가 속한 문장만 파악하자. 어법 부분만 체크하면 되기 때문에 글 전체를 모두 해석할 필요가 없다. 모든 글을 읽겠다는 욕심을 버리자. 영어문제 중 공부 효과를 가장 빨리 볼 수 있는 부분이 바로 어법이다. 왜냐하면 시험에 나오는 어법 개념들이 굉장히 한정적이기 때문이다(수일치, 능동 수동 관계, 시제 확인 등). 지금부터 하루에 기출문제 하나씩만 완벽하게 공부해도 수능 때 반드시 맞힐 수 있다. 문제 중에 보기가 속한 문장에서 수동태나 문맥의 접속사를 판단해야 할 경우에는 해석이 필요하다. 확실한 건 일단 선택지에서 제쳐놓자. 그래도 답이 나오지 않는다면 별표를 치고 넘어가자. 임의의 답은 꼭 골라놔야 한다. 수능은 시간이 넉넉한 시험이 아니다. 자칫 시간이 부족해 다시 못 볼 수도 있다.

⑤ 문장 순서 — 같거나 비슷한 단어와 동사에 집중하자. 제시된 네모박스 뒤에 다음 문단이 어디로 가야 할지 모르겠다면 일단 첫 문장을 보고 판단을 하는 것이 중요하다. 글을 읽으면서 단서가 되는 말(연결어, 지시어)을 표시해둔다. 박스의 주어진 문장이 도입부 introduction body이며, 그 뒤에 오는 전개부detail body와 결론부conclusion body의 순서를 정하는 문제이다. 문제를 풀 때 도입부 바로 뒤에 오는 지문을 고르기보다는 처음 글을 읽으며 대략적으로 내용을 이

해하면서 글을 마무리하는 결론부분을 먼저 찾는 것이 좋다. 그러고 나서 문장의 연결부분인 전개부를 확인하는 방식이 정답을 찾을 가능성을 높여준다.

도입부→전개부→결론부

왜냐하면 출제자가 도입부 다음에 오는 문장을 찾으려는 학생들에게 덫을 놓는 경우가 자주 있기 때문이다. 오답률이 가장 높은 선택지는 도입부에서 결론부로 바로 가는 선택지이다. 내용이 같아서 바로 연결되는 느낌을 주기 때문에 덫에 걸리는 학생들이 많다. 정리하자면, 글을 읽으면서 단서가 되는 말(연결어, 지시어)을 표시해두고, 결론부라고 짐작되는 것을 먼저 잡은 후, 단서를 통해 도입부 뒤에 올 구체적인 내용을 따져본다.

⑥ 문장 삽입 ― 지시어를 확인하라. 글의 순서 정하기와 마찬가지로 글 전체의 구조를 의식하며 읽어나간다. 글 구조상의 특이성에 주목한다. 대조, 비교, 인과, 정보와 사례, 시간상의 흐름, 긍정과 부정 등 글의 전체 구조를 보면 2개 내지 3개 부분으로 나눌 수 있다. 글을 읽어가면서 글의 내용 변화에 주목한다. 글의 도입부분은 일반적인 사회적 통념이 언급되면서 2~3줄부터 작가가 하고

싶은, 사회적 통념과는 반대되는 이야기가 분명 나온다. 이때 구조상의 특이성을 주는 단서인 연결어, 지시어가 되는 말을 표시하고 읽어나가면서 글의 내용이 자연스럽게 연결되는지 따져본다. 연결이 되지 않는 부분이 있으면 제시된 지문의 박스 안에 주어진 첫째 문장을 넣고 연결 가능성을 한 번 더 살펴본다. 박스 안의 내용과 그다음 부분이 지시어로 자연스럽게 연결된다면 정답의 가능성이 높다. 글의 순서 정하기와 문장 삽입 문제는 다른 유형의 문제보다 시간이 많이 걸리는 문제이면서 배점 또한 높다.

⑦ 글의 요약 — 마지막 파트와 보기만 읽고 풀자. 요약 문제는 '보기'만 보고도 풀 수 있다. 우선 두 빈칸에 들어갈 단어의 의미가 비례하는지 반비례하는지를 맥락을 통해 파악한다. 그다음에는 보기의 단어들의 관계를 알아내 틀린 것을 하나씩 지워나가면 답이 쉽게 나오는 문제가 꽤 있다. 대략적인 정답을 확인하고, 정확도를 높이기 위해서 본문을 빠르게 읽는 것이 좋다. 그리고 지문은 긴 편이지만 이 지문 역시 뒷부분만 읽어도 답을 쉽게 찾을 수 있다는 점을 잊지 말자. 글의 앞부분은 실험이나 설문조사와 같은 내용이라 딱히 중요하지 않은데다 결과가 주로 마지막에 정리되어서 나오기 때문이다.

단어, 또 단어

마지막으로, 시험을 볼 때 선택지 중에서 답을 못 고르는 이유는 첫째도 단어, 둘째도 단어 때문이다. 본문 내용을 파악하더라도 단어를 몰라서 제시된 선택지에서 답을 못 찾는 경우가 허다하다. 단어가 눈에 익었다 하더라도 그 단어의 다른 의미를 알지 못해서 해석이 안 되는 경우도 있다. 이 역시 단어에 대한 공부가 부족해서다. 영어공부에서 단어는 생명이다. 단어를 하나라도 더 알아야 점수가 올라가니 수능 전에 최대한 많은 단어를 익혀야 한다. 이미 많은 단어를 익힌 분들은 유의어와 반의어까지 챙겨준다면 더욱 좋다.

17

수능시험
뜯어보기

매년 60만 명이나 치르는 수능은 각 문제의 정답이 보편적으로 인정을 받아야 하기 때문에 굉장히 신중하게 만들어진다. 혹자는 수능이 대한민국 시험들 중에서 문항당 가장 비싼 시험이라고 한다. 공무원시험보다도 비싸다.

수능시험이 만들어지는 과정을 보자. 시험을 50여 일 앞두고 출제위원들이 지방 모처에서 합숙에 돌입한다. 말이 합숙이지 사실상 감금이다. 이들은 시험이 끝날 때까지 외부와 철저히 단절된다. 휴대전화 반납은 기본이며, 숙소 매점에서 신용카드를 사용하는 것조차 금지된다. 카드 사용처가 외부로 노출될 위험이 있기 때문이다. 합숙 기간에 출제위원들은 아침부터 밤 10시까지 문제를 내고 검토와 수정 작업을 한다. 출제위원들이 가장 신경 쓰는 건 출제 원칙이다. 최근 출제위원으로 참여했던 B교수는 "EBS 연계율 70퍼센트를 염두에 두면서도 EBS 교재에 나온 지문이나 도표 등을 단순히 외워서는 풀 수 없는 문항을 출제하기 위해 노력한다"라고 했다. 출제위원들은 우선 각자 문항을 만든다. 이후 문항별로 PPT를 띄워놓고 출제위원들이 모여 치열하게 논쟁을 벌인다. 문항이 교육과정에 적합한지, 예상되는 난이도는 어느 수준인지, 문항 자체가 성립하는지 등을 꼼꼼히 따진다. 혹시라도 복수 정답이거나 정답이 없는 문항은 아닌지도 살핀다. 이때 출제 의도를 놓고 서로 부딪히는 일도 빈번하다고 한다. 변별력을 높이기 위해 교과서 외의 배경지식을 활용하는 문항을 내고 싶어 하는 출제위원도 있다. 한 문항을 갖고 길게는 2~3일 동안 논쟁을 벌이는 경우도 있다. 이런 과정을 거쳐 최종적으로 문항이 확정된다.

세상에 없는 문제를 만들어라

수능 출제위원들은 '세상에 존재하지 않는' 지문을 직접 작성하는 것을 원칙으로 삼는다. 출제위원으로 참여했던 C교수는 "기출문제와 시중 모의고사 등에 나온 지문과 다른 전혀 새로운 내용을 만들어야 한다"라고 말했다. 인문, 사회, 과학, 기술, 예술, 융합 등 다양한 주제의 지문을 다루기 때문에 각 분야 전문가가 총망라한 토론이 이뤄진다. 출제위원들의 임무는 수능 3~4일 전에 끝나지만 '출소'는 할 수 없다. 시험이 끝나는 수능 당일 오후 6시까지 숙소를 나가는 게 금지된다. 참고로 수능문제를 위해 출제위원 300명, 검토위원 200명, 보안요원, 의료진, 지원인력, 의료진, 문답지 인쇄원 등 합숙 인원만 약 700여 명이 투입된다.

한 문항 한 문항을 우리나라에서 가장 똑똑한 수백 명이 오랜 시간과 공을 들여 만든 시험이 좋지 않을 리 없다. 이런 수능문제로 영어를 공부하면 대한민국의 어떠한 시험도 모두 대비할 수 있다.

18

수능과 토익,
텝스, 토플 비교

요즘에는 대학교를 입학 또는 졸업할 때 공인어학시험 점수가 요구된다. 그밖에도 편입학 전형 때나 졸업자격 심사 및 일반대학원, 의학과와 법학과 등이 설치된 전문대학원 입시 때도 공인영어시험이 요구된다. 결정적으로 기업체 입사를 위한 원서 제출 시 공인영어시험 성적표를 의무적으로 제출하고 있다. 사실상 한국사회에서 우리는 지금 영어가 필수인 시대를 살아가고 있다고 해도 과언은 아니다. 그중에서도 수능시험은 수준 높은 출제진과 문항으로 만들어진 최상의 시험이다. 고등학교 때부터 이런 수능으로 공부를 하면 어떠한 시험에도 대비할 수 있다.

수능과 토익 비교

단계를 대략적으로 나누어보자면, 수능영어를 안정적으로 1등급 수준으로 유지해온 실력이라면 토익(990점 만점) 기준으로 최소 800~900점 점수대는 된다고 전문가들은 평가한다. 그 아래부터 상위 11퍼센트 이내 수준의 2등급이라면 700~800점대, 상위 23퍼센트 이내 수준의 3등급이라면 600~700점대로 추정된다. 실제로 일반적인 4년제 대졸신입사원 공개채용의 이력서 심사 기준에서 토익 기준 점수는 600점 수준이다.

수능과 텝스 비교

한국에서 만들어진 공인영어시험 텝스TEPS는 수능과 가장 관련이 깊다. 텝스는 문제 유형 자체가 수능처럼 정해져 있다. 그리고 말하기와 쓰기 영역이 없고, 독해와 청해 영역에서 짧은 단문이 선택지로 출제된다는 점에서 대학수학능력시험의 영어영역과 상당히 비슷하다. 수능영어시험에 익숙한 사람들은 텝스 시험에서도 곧바로 고득점을 받을 수 있다.

수능과 토플 비교

토플TOEFL, Test of English as a Foreign Language은 영어를 모국어로 하지 않는 사람들을 대상으로 대학생 수준의 표준 미국식 영어를 이해하고 사용하는 능력을 측정하는 시험이다. 수능처럼 이 사람이 얼마나 대학교 공부를 잘할 수 있는지를 측정하는 것이다. 수능과 다른 점이 있다면 한 지문당 문제 수가 보통 12~14개 정도라는 것이다. 토플은 흔히 토익과 많이 비교되는데, 쉽게 말해 토익이 구직자들의 공통 시험이라면, 토플은 미국 유학생들의 시험이라고 할 수 있다. 일상회화가 어느 정도 가능한지를 보는 토익과 다르게, 토플은 미국 현지의 대학에서 영어로 이루어지는 강의를 이해하고 과제를 수행할 수 있는 능력이 있는지를 평가한다. 그래서 시험 난이도가 다소 높다. 토플은 대학 수업을 소화할 수 있는지에 대한 평가로 우리나라 수능과 그 의의는 동일하다고 할 수 있다. 수능영어에서 나오는 어휘와 독해를 공부하면 나중에 토플을 준비할 때도 상당히 도움을 받을 수 있다.

아는 만큼 들리고, 아는 만큼 읽힌다

19

문법과
시험영어

우리나라는 영어를 배우기만 하고 일상생활에서 사용하지 않는 EFLEnglish as a Foreign 환경이다. ESLEnglish as a second Language 환경에서는 늘 영어를 사용하기 때문에 언어 능력이 자연스레 향상되지만, EFL 환경에서는 의식적으로 노력하지 않으면 실력 향상을 기대하기 어렵다. 따라서 부족한 영어 노출을 보완하기 위한 환경을 스스로 만들어야 한다.

ESL 환경은 집에서는 모국어를 사용하지만 학교나 사회에서는 영어를 주 언어로 사용한다. 필리핀, 네덜란드, 싱가포르 같은 나라에서 살거나 미국, 캐나다, 호주 같은 영어권 국가로 이민을 간 사람들이 여기에 해당된다. 반면, EFL 환경은 학교에서 영어를 배우지만 가정이나 사회에서는 모국어를 주로 사용한다. 우리나라나 일본 같은 나라는 전형적인 EFL 환경에 해당한다.

EFL 환경에서 영어를 공부하는 우리가 인정해야 할 부분이 있다. 우리는 외국인들처럼 문법 없이 공부하기 힘들다는 것이다. 『완벽한 공부법』에 따르면, 우리는 "한국어로 생각하고, 한국어로 의사소통하고, 한국어로 일을 한다." 이는 우리가 외국어를 배움에 있어 항상 고려해야 할 우리의 "기본값"이다. 그러므로 "한국어라는 토대 위에서 어떻게 영어의 체계를 구축할 것인가"에 철저하게 초점을 맞추어 영어학습을 해야 한다.

어린아이들은 언어를 습득할 때 문법을 공부하지 않는다면서 자신들만이 진짜 영어교육을 한다고 광고하는 것을 종종 볼 수 있다. 하지만 이미 한국어의 체계를 머릿속에 갖춘 우리가 영어라는 외국어를 습득하는 과정에서 어린아이들처럼 배울 수는 없다. 우리는 우리의 모국어를, 그러니까 출생 직후부터 지금까지 오랜 기간 한국어를 '비자발적'으로 수없이 듣고 체득해왔다. 그래서 어색한 표현이나 단어를 들으면 단번에 파악할 수 있다.

어린아이들의 언어 습득 모형을 우리의 영어학습에 적용하기는 아무래도 무리다. 아이들처럼 당신에게 영어를 익힐 충분한 시간이 있을까? 당신은 태어나서 지금까지 영어로 일상적인 대화를 해본 일이 거의 없을 것이다. 친밀한 그 누구와도 영어로 말을 주고받은 적이 없을 것이다. 이런 상황에서 영어를 익히려면 어떻게 해야 할까? 모국어 습득에서 '비자발적'으로 거쳤던 그 과정을 이젠 '자발적으로', 의도적으로 수행해야만 한다. 그리고 그런 언어의 의도적인 규칙을 간결하게 정리해놓은 것이 있는데, 우리는 그것을 '문법'이라고 부른다.

시험영어는 EFL 환경에 있는 우리나라에서 '과목'으로서의 영어를 말한다. 과목으로서의 영어는 국어, 수학, 과학처럼 정규 교과과정에서 담당하는 한 과목이다. 영어는 공부해야 할 과목이고, 시험을 치러야 하는 과목이다. 시험의 첫 번째 사전적 정의는 '재능이나 실력 따위를 일정한 절차에 따라 검사하고 평가하는 것'이라고 한다. 그동안 공부했던 것을 시험 출제자로부터 평가받는 과정이다.

학생들은 선생님이 '문제를 친절하게 낼 것'이라고 오해하곤 한다. 큰 착각이다. 시험의 본질은 시험을 치르는 학생이 문제를 풀 때 실수를 유도하는 것이다. 공부를 많이 한 학생은 함정에서 벗어나고, 공부가 부족한 학생은 선생님이 만들어놓은 덫에 걸린다. 학생들은 영어를 공부하면서 그런 시험에 대한 감각도 익혀야 한다. 그리고 그런 감각은 나중에 숱하게 치를 다른 시험공부에서도 분명 도움이 된다.

EFL 환경에서 외국인처럼 문법 없이 공부하기는 현실적으로 힘들다. 문법은 시험영어에서 핵심 영역이다. 우리는 시험영어(문법)를 통해서 자연스럽게 모국어를 익힐 때보다도 더 많은 시간을 절약할 수 있다.

20

한글과 영어

한글과 영어는 글자와 소리가 다르다. 몇몇 특정한 영어 소리는 한글에 존재하지 않는다. 다음 표는 한국사람들이 발음상 실수하는 부분과 대략적인 문법에 관한 표이다. 가벼운 마음으로 읽어보면서 차이를 확인해보면 좋겠다.

이중모음(diphthongs)

이중모음은 한국어에 존재하지 않는다. 예를 들면, eye는 영어발음 [a]로 시작하다가(father처럼) [i]로 끝난다(be처럼). 혀가 부드럽게

sound	common substitution
f	한국사람들은 [p]로 잘못 발음하는 경향이 있다. 소리를 낼 줄 아는 경우에도 다른 자음과 결합할 때면 제대로 된 발음을 힘들어한다. 예를 들면 coffee를 [coppee]로 발음한다.
v	한글에는 v 소리가 없어서 종종 [b]로 잘못 발음한다. Vancouver를 [Bancouber]로.
th (third)	think[$\theta\text{ŋk}$]를 sink[sɪŋk]로 잘못 발음한다.
th (the)	this[ðɪs]를 [dis]로 잘못 발음한다.
zh as in vision and z	[z]와 [ʒ] 발음을 종종 [j]/[dʒ]로 잘못 발음한다. 예를 들면 zip을 [jip]로, pizza를 [pija]로.

움직여 [ai] 소리가 나는데, 한국어는 그런 모음 발음이 없다. 왜냐하면 한국어는 '아' 발음과 '이' 발음이 따로 구별되어 쓰이기 때문이다(모음이 2개). out[aʊt]도 한국어로는 '아웃' 2개의 모음이지만, 영어는 한 모음으로 발음한다.

강세(Stress)와 억양(intonation)

한국어와 달리 영어는 단어와 문장에 강세와 억양이 있다. 그리고 그 강세와 억양이 때로 단어와 문장의 의미를 바꾸기도 한다.

여기에 규칙이 하나 있다. 강세가 동사에서는 뒤에, 명사에서는 앞에 있다는 것이다(object: 반박하다/물건, produce: 생산하다/농산물, address: 연설하다/주소, increase: 증가하다/증가).

억양의 경우에는 강조하는 부분에 따라서 미묘하게 의미에 있어 차이가 난다.

I love studying English. 내 주변 사람들은 안 좋아해.

I love studying English. 영어만 특별히 좋아.

I love studying English. 영어공부 자체가 재미있어.

I love studying English. 다른 과목보다 영어를 공부하는 게 좋아.

He had a lot of money. 그는 돈을 많이 가졌었지만 지금 은 없다.

He had a lot of money. 그는 돈이 유달리 많았다.

He had a lot of money. 그는 다른 점은 별론데 돈은 많다.

억양에 따라 약간 비꼬는Sarcasm 투로 들리게 말할 수 있다. 한국 어도 이런 점이 있지만(참 잘한다. 참 잘~한다?), 억양이 풍부한 영어 가 좀 더 다양한 표현이 가능하다.

단어 끝소리(End Sounds)

한국어는 단어가 주로 모음으로 끝나는 반면 영어는 자음으로 끝나는 경우가 많다(영어는 '으' 모음이 없다). 그래서 한국사람은 miss를 읽을 때 '미-스', nice도 '나이스'라고 모음별로 끊어서 발음을 한다. 영어에서 miss는 1음절이지만 한국식 발음에서는 '미-스' 2음절이다. nice도 영어에서는 1음절이나(ai: 이중모음) 한국식으로는 '나-이-스' 3음절이다.

영어단어의 복수형 s는 다양하게 발음되는데, 한국어는 이와 달리 복수형이 모두 '들'로 지칭되고 발음은 동일하다(사과들, 사람들, 강아지들).

영어는 복수형 s가 정말 다양하게 발음된다. 간단하게 말하자면, 보통은 [z]로 발음되지만(pens→펜z, bags→백z), p, k, t, f 등 (목이 떨리지 않는) 무성음인 경우에 [s] 발음이 난다.

문장 구조(Sentence Structure)

영어는 주어+동사+목적어 순으로 이루어져 있다. 주어가 동작을 하고, 동작의 대상인 목적어도 나온다. 나는I 친다play 피아노를the piano.

한국어는 주어+목적어+동사의 어순이다. 주어가 나오고 목적어에 어떤 식으로 주어가 반응할지에 대한 이야기는 마지막에 나온다. 나는I 피아노를the piano 친다play.

또한 한국어는 형용사가 영어의 동사와 같은 역할을 할 때가 있다. '키가 작다', '얼굴이 예쁘다', '꽃이 아름답다'와 같이 한국어는 전통적으로 동사와 형용사를 명확히 구분하지 않는다. 한국어에서는 형용사가 영어의 형용사와 달리 문장의 서술어가 될 수 있는데 (작다, 예쁘다, 아름답다), 영어는 동사와 형용사가 명확히 구별된다.

주어와 동사의 수일치(Subject-verb Agreement)

한국어는 주어와 동사의 수일치 개념이 없다. 그래서 영어의 3인칭 단수 개념이 한국인에게는 낯설다. 그리고 문법 문제에서는 충분히 풀 수 있어도 회화를 할 때는 자연스럽게 자동적으로 나오질 않는다.

① 주어가 단수일 때: be동사는 am, are, is, was/have, has/ 일반동사는 동사원형+(e)s

② 주어가 복수일 때: be동사는 are, were/have/일반동사는 동사원형

전치사 vs 조사(Preposition vs Postposition)

전치사는 원어민에게도 어려운 개념이다. 우리는 전치사 대신 조

사를 이용해서 의미를 전달한다. 한국어는 조사가 풍부한 언어이다. 조사만 바꾸어도 의미가 완전히 바뀌기도 한다. 전치사는 주요 단어 앞에 붙지만, 조사는 뒤에 붙는다. 전치사는 위치나 방향을 나타내지만, 조사는 다른 말의 문법적 관계를 도와준다.

예) 개   소   물었다.

→ 개가 소를 물었다.

→ 개를 소가 물었다.

→ 개를 소만 물었다.

→ 개만 소를 물었다.

어떤 조사를 사용하느냐에 따라 문장의 의미가 달라지고 단어들 간의 관계가 달라진다. 한국인은 그것을 순간적으로 이해할 수 있다. 그러나 영어에서는 전치사로 한국어의 '조사' 역할을 대신한다. 예를 들어, the book과 the desk라는 두 단어가 있고 이 두 단어는 의미상 관계가 없다. 그냥 책이고 책상일 뿐이다. 하지만 'the book on(전치사) the desk(책상 위의 책)'처럼 책상과 책이 전치사를 통해서 관계를 맺을 수 있다. 전치사는 이렇게 명사와의 관계를 보여주는 역할을 한다. 한국어에는 없는 개념이다.

명사, 동사, 관사

영어는 단어마다 셀 수 있는 명사countable와 셀 수 없는 명사non-countable가 있다.

동사의 경우, 한국어에서는 시제tense가 복잡하지 않다. 시제는 절이나 문장의 사건이 발생한 시간적 위치를 나타낸다. 한국어는 과거는 '었', 현재는 '는', 미래는 '겠'을 사용한다.

(과거) 철수는 밥을 먹었다.

(현재) 철수는 밥을 먹는다.

(미래) 철수를 밥을 먹겠다.

그러나 영어는 시제를 더욱 세부적으로 표현한다. 과거, 과거 이전의 대과거(한국어에는 없음), 현재완료(한국어에는 없음), 현재, 미래완료가 있다. 한국인이 영어를 공부할 때는 과거와 과거완료, 현재와 현재완료를 이해하기 위해서 따로 공부할 필요가 있다. 또 한국인은 영어의 자동사와 타동사를 따로 구분해서 외워야 한다. 한국인이 많이 하는 실수 중 하나가 타동사에 전치사를 붙여 자동사처럼 말하는 것이다. 타동사는 전치사를 사용하지 않는다.

I told(타동사) to(전치사) him. X

I told him. O

영어에는 명사 앞에서 그 명사의 성(남, 여, 중성), 수(단, 복수)를 밝히고 그 명사의 특정 또는 개별적 의미를 더해주는 낱말로서 정관사the, 부정관사a, an가 있다. 문법적으로 한국어에는 이와 같은 구실을 하는 품사가 없다

결론

한국인이 원어민처럼 영어를 백 퍼센트 똑같이 사용하기는 현실적으로 힘들 것이다. 그러나 많은 훈련으로 어느 정도 극복할 수 있다. 영어를 가르치는 선생님도 한국어와 영어의 차이를 인식하면서 아이들을 가르쳐야 한다.

영어	한국어
대문자가 문장의 의미와 구조에서 중요하다.	대문자가 없다.
영어의 몇 가지 소리가 한국어에는 없다.	대체할 수 있는 소리가 있으나, 때때로 학습자에게 혼란을 준다.
이중모음이 있다.	이중모음을 구별하기가 쉽지 않다.
자음군이 있다(sh, sp, st, ry 등).	자음군이 없다.
단어의 강세와 억양이 있고, 의미의 차이가 있을 수 있다.	단어의 강세가 의미를 바꾸지 못한다.
영어는 어순이 엄격하다(주어-동사-목적어). 어순이 바뀌면 의미가 달라질 수 있다.	한국어도 어순이 있지만, 엄격하지 않으며 조사에 따라 의미가 달라진다.
관사가 있다.	관사가 없다.
조동사가 있다. 조동사에 따라 문장의 의미가 달라진다.	조동사가 없고, 주어에 따라 동사의 형태가 바뀌지 않는다. 문장의 끝에 위치한 동사에 따라 문장의 의미와 시제가 바뀐다.
전치사가 단어 앞에 위치해서 여러 가지 쓰임이 있다.	조사가 단어와 대명사에 붙어서 활용한다.
단어의 복수형이 형태가 바뀐다.	복수형이 있으나, 주로 '들'로 칭한다.
관용구가 있으며, 많이 쓰인다. 예를 들어 knock off, be good at, get off 등.	관용구가 있으나(입이 가볍다, 발이 넓다 등), 많이 활용되지 않는다.

⇒⇒ — 21 →

아는 만큼
읽힌다

내 인생에서 처음으로 영어 때문에 시련을 겪은 것은 대학원 과정을 공부할 때였다. 학부시절 전공과목인 경제학을 공부하면서 상반된 영역인 문학을 복수전공으로 이수했다. 경제만 공부하면 자칫 한쪽으로 편향된 사고를 가지지 않을까 하는 우려 때문이었다. 주변 사람들은 "돈 공부하는 녀석이 예술까지 공부하네?" 하면서 재미있게 생각했다.

대학에 입학할 무렵 우리나라는 IMF의 힘든 시기를 겪고 있었다. 텔레비전을 켜면 온통 경제 위기 이야기밖에 없었다. '세상을 알려

4장

146

면 경제를 알아야겠다'는 막연한 생각 때문에 경제학을 선택했다. 문학은 어릴 때부터 책을 좋아해서 늘 내게는 친숙한 영역이었다.

두 학문을 공부하면서 나름 느끼는 부분이 있어서 대학교를 졸업하고 학문 간 제한 없이 폭넓은 연구를 할 수 있는 대학원 비교문학 과정에 입학했다. 그리고 '이왕 공부하는 거 어렵게 제대로 공부하자' 싶어서 교수님을 선정할 때 국문학 교수가 아닌 영문학을 전공하는 교수님으로 정했다. 덕분에 그동안 경험하지 못했던 제대로 어려워진 영어와 고달픈 동거가 시작되었다.

자막을 안 보네?

첫 수업부터 난관이었다. 모든 교재가 원서였고, 수업 중에 비디오 영상을 보면서 토론을 했다. 자막이 없는 영상이었다. 나를 제외한 거의 모두가 영문과 출신이었고, 유학 경험이 있었으며, 분명 나보다 영어에 친숙한 사람들이었다. 까다로운 교수님의 기대에 부흥하기 위해 나는 영어로 된 논문을 계속 찾아보고, 제대로 알아듣지 못하는 영상을 수없이 봐야만 했다. 시험 점수만 번듯한 나의 영어를, 나의 부족함을 원망했다. 그리고 무모하게 영문과를 선택한 나의 무지를 원망했다. 아침에 머리를 감을 때마다 머리카락이 한 움큼씩 빠졌다. 그때 생긴 원형탈모는 10년 이상 나를 괴롭히는 원흉이 되었다.

"다음 시간까지 이 영상을 보고 이 책을 참고하여 페이퍼를 써와."

"······."

아직 번역되지 않은, 한 줄 한 줄 해석하기에도 벅찬 두꺼운 책이었다. 다음 시간까지는 일주일이 남아 있었다. 식은땀을 흘리면서 단어 하나하나 찾아가며 한글로 뜻을 달고 그 문장을 이해할 때까지 읽고 또 읽었다. 교수님이 보여준 영상물은 다행히 영어자막을 구할 수 있어서(구글님 감사합니다!) 기본 내용은 대략 이해할 수 있었다. 다른 학생들이 영문과 출신이고 유학 경험이 많다고 해도, 내가 수업을 못 따라가는 것은 자존심이 허락하지 않았다. '머리가 부족하면 손발이 고생한다'라는 말을 되뇌며 남들보다 두 배, 세 배 많은 시간을 할애하여 과제를 준비했다.

나쁜 머리, 시간으로 극복하자

일단 친구들과의 약속을 모두 끊었다. 나는 머리가 좋은 편이 아니었다. 그리고 독해 속도도 느리기 때문에 시간이 아주 많이 필요했다. 친구들과 어울리면서 시간을 보낼 여유가 없었다. 박사과정도 아닌 석사과정을, 그것도 대학원 1학년 과정을 나는 밤을 새워가면서 수업을 준비했다.

도서관에서 최대한으로 책을 대출하고, 전자사전을 옆에 펼쳐놓고 단어를 하나하나 찾았다. 나의 빛나는 영어 성적표 내신 100점, 수능영어영역 100점, 토익 920점이면 뭐하나. 책 한 페이지 해석하는 데도 반나절이나 걸리는데. 지금 생각해보면 한 페이지당 나의 분당 읽기 속도는 약 120단어 수준인 듯했다. 설상가상으로 전공서적이라 단어도 너무 어렵고, 힘들게 단어를 찾아도 해석이 되지 않는 난감한 경우도 있었다.

고생고생하며 준비해서 겨우 따라가면 몇 시간 수업 후 또 과제가 주어졌다. 다른 학생들은 너무나도 쉽게 수업을 따라가는 듯 보였다. 여유가 있었다. 자괴감이 느껴졌다. 그래도 버텨야 한다, 버텨야 한다……. 가뜩이나 문과 쪽으로 대학원을 간다고 해서 부모님 속을 썩였는데, 어떻게든 버텨야 했다.

언어는 기호다

언어는 하나의 기호다. 사람의 생각을 정확하게 전달할 목적으로 만들어진 도구인 것이다. 각 학문의 영역에는 고유의 관념들을 표현한 전문용어가 있는데, 이는 일반용어로 일일이 설명하면 더 복잡해지기 때문에 자신들만이 알아들을 수 있는 간단한 말로 바꾼 것이다. 전문가들은 풀어서 설명하기가 복잡하고 어려운 개념은 그들만의 언어로 간단하게 해결해버린다.

초등학생이 어른들의 대화에 끼어든다고 해보자. 시사뉴스나 사회현상에 대해서 대화를 한다면 아이는 한마디도 알아듣지 못할 것이다. 어른들이 쓰는 복잡한 어휘들에 대해서 아이들은 제대로 이해하지 못하기 때문이다. 우리가 경제학자 혹은 과학자들의 논문을 이해하지 못하는 가장 큰 이유는 그들이 쓰는 용어를 이해하지 못하기 때문이다.

　내가 독해가 안 되었던 이유는 그런 전문적인 영어 어휘에 대한 훈련이 되어 있지 않았기 때문이었다. 시험용 단어만 공부했기 때문이었다. 전문용어와 친숙해지려면 적어도 그 용어와 관련된 책을 오랫동안 읽어야 한다. 영어로 겨우 초등학생 수준의 어휘만을 가진 사람이 중학교, 고등학교 책을 바로 읽을 수 없는 것과 같다. 고등학생이라면 미국의 고등학교 수준의 책, 대학생이라면 외국의 대학생 수준의 책을 읽어야 수준에 맞는 독해가 이루어진다. 억지로라도 그렇게 수준에 맞는 영어 원서를 읽는 연습을 해야 한다. 가뜩이나 한글로 된 책도 읽기가 힘든데 어려운 어휘로 가득한 원서를 어떻게 읽느냐고 불만을 터뜨릴지도 모르겠다. 하지만 자신의 모국어 수준에 맞는, 혹은 자기 수준보다 한 단계 위의 책을 구해 인내심을 가지고 읽는 연습이 필요하다. 사전을 찾아가며 한 문장, 한 문장 이해하려고 노력하다 보면 어렵지 않게 그 어휘와 문장에 익숙해지기 때문이다.

영어엔진에 연료를 넣자!

공부를 하면 할수록 공부 자체가 편해졌고, 독해 속도가 향상되는 것을 느낄 수 있었다. 나중에는 토론할 때도 원서에 나오는 어려운 어휘가 오히려 일상용어보다 더 쓰기 편해서 무심코 입 밖으로 나오는 경우도 생겼다. 처음엔 힘들었지만 꾸준히 하다 보면 쉬워진다는 것을 이해했다.

우리 머릿속에는 두 가지 엔진이 있다. 한글엔진, 영어엔진. 머릿속에 연료도 부족하고, 환경도 부족하고, 속도도 느린 영어엔진의 성능을 서서히 업그레이드해야 한다. 인내심을 가지고 수준에 맞는 영어에 계속 스스로를 노출시켜보자. 언젠가는 한글로 충분히 읽을 수 있는 수준의 책을 영어 원서로도 편하게 읽을 수 있게 될 것이다. 『해리포터』 시리즈 정도는 사전을 찾지 않고 반나절 만에 읽을 수 있는 수준이 된다. 포기하지 않으면.

22

하루 한 문장이면
변할 수 있다

외국계회사에서 영어로 하는 업무의 상당 부분은 읽기와 듣기다. 대부분의 업무가 이메일과 자료 분석으로 이루어지는데, 독해가 안 되면 업무 자체가 힘들어진다. 그다음으로 많이 쓰는 능력은 쓰기다. 많은 사람들이 현장에서 외국인과 함께 일하면 말하기가 제일 중요할 것이라고 오해한다. 이는 큰 착각이다. 대부분의 일은 외국에서 온 문서나 메일을 분석하고 여기에 대한 답을 쓰는 것이다. 따라서 말하기보다 쓰기가 훨씬 더 자주 사용된다.

읽기와 듣기는 인풋input의 영역이고 쓰기와 말하기는 아웃풋

output의 영역이다. 읽기와 듣기가 수동적인 영역인 반면 쓰기와 말하기는 내 것을 토해내는 능동적인 작업이 요구된다. 듣기보다 말하기가, 읽기보다 쓰기가 힘든 이유가 이 때문이다.

나 같은 경우에 회사에서 외국인들과 일할 때 가장 시급한 문제가 이메일 쓰기였다. 회의를 할 때나 일을 할 때의 듣기 문제는 나중에 주변 동료, 선배에게 물어보거나 혹은 팀매니저가 정리해준 내용을 확인하는 것으로 해결하면 되었다. 그러나 쓰기는 당장 나의 메일 계정으로 보내진, 순전히 나만의 업무이기에 시급하게 해결해야 할 부분이었다.

"어떻게 하면 영어 글쓰기가 늘까요?" 하고 사람들이 종종 질문을 한다. 그러면 나는 그들에게 다시 묻는다. "어떤 글을 쓰고 싶은 거죠?"

많은 사람들이 영어를 잘하게 되면 영어 쓰기도 자연스럽게 해결될 것이라고 막연하게 생각한다. 영어를 백 퍼센트 알아들으면 글도 술술 써질 것이라고 생각하는 것이다. 그러나 이건 큰 착각이다. 아이들을 생각해보자.

우리 아이들이, 그러니깐 5~7세의 아이들이 말은 유창하게 한다고 해도 과연 한글로 작문을 제대로 할 수 있을까? 말로는 자연스럽게 뱉는 표현을 글로 옮길 때는 다른 훈련이 필요하다. 아마도 "철수가 영희에게 인사합니다", "바둑이가 마당을 뛰어갑니다"부터 시작할 것이다.

영어도 마찬가지다. 말하기는 말하기의 영역, 쓰기는 쓰기의 영역으로 따로 나누어 훈련을 해야 실력이 늘 수 있다. 영어를 사용하는 목적에 따라 글쓰기의 접근법도 달라져야 한다. 쓰기 같은 경우에는 일기장에 쓰는 어투와 비즈니스상의 실용적인 이메일 글쓰기의 성격이 같을 수 없다.

나는 일단 이메일 쓰기가 급했다. 서점으로 달려가 '영어로 이메일 보내기'와 같은 책을 몇 권 사서 거기에 나온 예문들을 매일 몇 개씩 통째로 외우기 시작했다. 책에 나온 한 문장 한 문장을 입으로 중얼거리면서 필사를 하기도 했다. 한글 예문을 보고, 내가 쓴 문장과 책에 나와 있는 예문을 비교도 하면서 나의 어색한 번역투의 영어를 조금씩 교정했다. 이 과정에서 책에 나와 있는 영어 문장들은 너무나도 단순하고 평이한 문장인데 내가 굳이 어렵게 '번역'을 하면서 글을 쓰고 있었다는 것을 확인했다. 일단 나의 영어 작문을 좀 더 자연스러운 영어식 표현으로 바꿔야 했다. 거기에는 영어의 1형식 문장, 2형식 문장, 3형식, 4형식, 5형식 문장은 의미가 없었다. 닥치는 대로 외우고, 하나씩 업무에 자연스럽게 쓸 수 있도록 반복해서 쓰기를 반복했다.

예를 들어, I am making a plan for a new strategy(나는 새 전략을 위한 계획을 만들고 있어)라는 문장을 간단하게 I plan a new strategy(나

는 새 전략을 계획해)로, 또는 I have something to talk about(나는 너에게 할 말이 있어)를 I need to talk(난 대화가 필요해)로 간단하게 표현할 수 있었다. 굳이 멋지게, 원어민처럼 보이게 쓸 필요가 없었다. 영어 문장을 만들 때 부담을 줄이고 문법적인 부분을 가능한 한 적게 만들어도 충분히 의사소통이 되었다.

간단하게 주어, 동사, 목적어부터

이메일은 업무를 위한 것이기에 속도가 무엇보다 중요하다. 사용하는 단어 수가 많아지면 전달하고 이해하는 속도가 느려진다. 글이 길면 읽는 사람도 부담을 느낀다. 숙어를 줄이고, 간단하게 쓰는 연습을 하는 것이 중요하다. 주어+동사+목적어로 모든 표현을 다 쓸 수 있다.

이메일뿐 아니라 모든 글이 그러하다. 특히 동사에 집중하면서 쓰는 것이 좋다. 동사란 '사람이나 사물의 움직임 또는 작용을 나타내는 말'이다. 가능한 한 구체적인 동작을 표현하는 단어를 쓰는 연습을 하는 것이 좋다. Be동사나 do, 혹은 상태동사인 get, become 류의 동사들은 의미가 모호해서 글이 길어진다.

한 단어로 구체적인 의미를 가지는 동사가 있다.

Let's do a swap(우리 근무시간을 바꿔요). X

Let's swap. (*swap이 동사로 '바꾸다'는 의미.) O

It is not difficult for me to study English(내가 영어공부하는 것이 어렵지 않다). X

I can study English(나는 영어공부를 할 수 있다). O

He get into the office at 10:15(그는 사무실에 10시 15분에 도착한다). X

He arrived at the office at 10:15(그는 사무실에 10시 15분에 도착한다). O

쓰기가 안 되는 것을 어휘력 때문이라고 생각하기 쉽다. 그러나 전달하고 싶은 단어가 생각이 안 날 때마다 사전을 보고 또 외워야 할까? 이미 알고 있는 단어로도 훨씬 간단하게, 그리고 깔끔하게 문장을 만들 수 있다. 굳이 숙어나 어려운 표현을 쓰지 말고 내가 쓸 수 있는 단어를 떠올리며 주어+동사+목적어로 문장을 만드는 연습을 꾸준히 매일 해보자. 그러면 훨씬 자연스럽게 글을 쓸 수 있고, 회화에도 도움이 될 것이다. 두 영역 모두 아웃풋의 영역이니 서로 선순환을 만들어낼 수 있다.

천재들의 외국어 공부법

마윈 馬雲, Ma Yun

마윈은 시가총액 약 5,000억 달러에 이르는 중국 기업 '알리바바'의 창업자로, 55세의 나이에 회장직을 물러나 현재 교육을 비롯한 자선활동에 집중하고 있다.

마윈의 성공 스토리는 누구나 한 번쯤 접해봤을 것이다. 1964년 중국 저장성 성도 항저우 외곽에서 태어난 마윈은 어린 시절 집요하게 영어 공부를 했던 것으로 잘 알려져 있다. 그는 외국인 관광객과 영어로 대화를 나누기 위해 100킬로미터를 자전거를 타고 오가기도 했다. 3수 끝에 항저우사범대 영문과에 입학한 그는 1988년 졸업과 함께 항저우 전자기술대에서 영어를 강의했다.

마윈은 비교적 쉬운 단어를 사용해 외국 매체들과 인터뷰를 진행하고, 영어로 직접 프레젠테이션을 한다. 외국인들도 마윈의 영어에 깊은 관심을 보이는데, 그가 문법적으로 완벽한 영어를 말하지는 않지만 의미 전달에 있어서 굉장히 심플하다고 칭찬한다.

사람들이 마윈에게 어떻게 영어를 그렇게 자연스럽게 잘하는지, 어떤 방법으로 영어를 배웠는지에 대해서 자주 묻는다. 마윈은 학창시절에 영어를 공부하기 위해서 호텔 가이드 일을 무료로 했다고 한다. 당시에는 영어를 배울 만한 돈도 없었고, 영어 교재도 쉽게 구할 수 없었다. 그래서 그는 아침에 호텔 앞에서 기다리고 있다가 무작정 외국인에게 무료로 도시의 가이드를 해주겠다고 제안했다.

처음에는 영어가 서툴러 손짓 발짓 해가며 가이드를 시작했다. 그러나 마윈은 한 단어씩 어휘를 외워가며 포기하지 않고 꾸준히 가이드 일을 계속했다. 시간이 지나면서 외국인들이 마윈에게 외국에서 얼마나 살다왔는지 물어볼 정도로 영어 실력이 부쩍 늘었으며, 그렇게 무려 9년 동안 호텔 앞에서 무료가이드를 지속했다. 영어 실력을 향상시킬 목적으로 무료 가이드를 시작했지만, 이 경험은 마윈 인생을 완전히 바꾸어놓는 계기가 되었다.

마윈의 성공에서 영어는 빼놓을 수 없다. 영어를 통해서 그의 시선이 중국을 벗어나 인터넷이라는 넓은 세상을 접할 수 있었으며, 영어를 자유롭게 구사하면서 전 세계의 각종 미디어에 스스로를 노출하여 그의 회사를 알릴 수 있었다. 그야말로 영어라는 도구를 가지고 전 세계로 향하는 문을 열게 된 것이다.

어떤 사람이 마윈에게 "쉽고 빠른 영어공부 방법이 없습니까?"라고 묻자 마윈이 대답하기를 "재미를 느끼면서 천천히 해야 합니다. 욕심을 버리세요"라고 말했다고 한다. 마원이 9년 동안 가이드를 하면서 영어를 차근차근 익힌 것처럼, 무엇이든 급하게 생각하지 말고 장기적으로 하나하나 쌓아 올리는 것이 중요하다. 그는 외국인 가이드 일을 할 때 하나의 표현을 익히고 써먹으면서 자기 것으로 소화하기까지 무수한 반복과 연습을 했다. 속도가 늦더라도 천천히 한 문장을 온전히 자기 것으로 소화한다면 그 표현은 '내 것'이 될 것이다.

23

듣기가
안 되는 이유

① 듣기에 대한 고찰(발음)

우리가 한국어로 누군가와 대화할 때를 생각해보자. 나는 그의
이야기를 다 듣고 있을까?

> "나 어제 햄버거를 먹으려고 맥도날드에 갔는데 사람들
> 이 엄청 많더라고. 카운터에 있는 점원이 주문을 안 받고
> 매장 정리만 하고 있어서 너무 화가 났어."

인지과학에 따르면, 우리는 상대방의 이야기를 다 듣는 것이 아니라 몇 가지 필요한 정보만을 받아서 뇌에서 종합적으로 해석한다. 위의 대화 내용에서 우리는 무의식적으로 '어제, 햄버거, 맥도날드, 점원, 주문 안 받음, 화' 이렇게만 듣고, 나머지 조사(가, 를, 데, 을 등)와 부사(엄청, 너무 등)는 귀로 흘린다. 우리 뇌는 모든 것을 기계적으로 다 기억하는 컴퓨터가 아니다.

그렇다면 이렇게 조각조각 머릿속에 남은 정보들만으로 우리는 어떻게 모든 것을 이해했다고 생각(혹은 착각)하는 걸까? 그리고 그런 조각난 정보만으로 문제를 처리할 때 큰 어려움을 겪지 않는 이유는 무엇일까?

우리 뇌는 새로운 정보가 들어오면 머릿속에 이미 입력되어 있던 정보를 자동으로 불러와서 연결wiring을 통해 다시 해석을 하는 과정을 거친다. 뇌는 굉장히 효율적으로 작동을 한다. 들어오는 정보를 모두 유의미하게 기억하는 것이 아니라, 필요에 따라 선택을 하고 특정한 이미지를 만들면서 이해하기 쉽게 머릿속에서 '이야기'를 만드는 것이다.

소리→특정한 단어→이미지→유의미한 조합→이미지→
이야기 만들기

쉽게 말해서 일부 단어들을 듣고 이야기를 만들어내는 것이다. '어제, 햄버거, 맥도날드, 점원, 주문 안 받음, 화'만으로 우리의 뇌가 자동적으로 이야기를 구성하면서 당시의 상황을 예측하고, 상대의 기분을 헤아릴 수 있다.

이번에는 영어를 예로 들어보자. 영어는 우리말처럼 조사가 없지만,

I went to mcdonald's to eat a burger, but there is a huge crowd waiting in line. The clerk at the counter didn't take my order by doing a couple of things in the restaurant.

Mcdonald's, burger, huge crowd, the clerk, didn't take order, doing things 등 부분적인 단어만을 듣고 머릿속에서 해석을 하며 그 의미를 헤아린다. 단어나 상황이 주는 문맥상의 특정한 단어를 듣고 머릿속에서 자동으로 문장을 만든다. 그런 뒤 문장에 알맞은 어떤 이미지를 떠올리면서 해석하는 것이다. 물론, 대화 내용에서 적어도 위에서 나오는 단어, 그러니깐 Mcdonald's, burger, huge crowd, the clerk, didn't take order, doing things 정도는 제대로 들어야 문장 해석이 된다. 그리고 몇 단어만을 가지고 충분히 문장을 이해할 수 있을 만큼 뇌에서 경험이 쌓여 있어야 자연스럽게 해석하면서

들을 수 있다.

우리가 말을 할 때 모든 단어를 또박또박하게 말하지 않는 것처럼 영어도 단어와 단어 사이에 뭉개지는 발음인 '연음'이 있다. 한국어로 예를 들면, '위험이 도사린다'는 [위허미 도사린다]로, '일을 했다'는 [이를 핻따]로, '맛있다'는 [마싣따]로 발음되는 것이 원칙이다.

앞서 언급했던 말을 우리말로 소리 나는 대로 옮겨보면 '나는 어제 햄버거를 머그러 맥또날드에 갔따'가 된다. 글과 소리가 서로 다르다는 것을 우리는 안다. 영어도 마찬가지다. 영어단어로 쓰인 눈에 보이는 글자처럼 그 단어가 발음되지 않는다는 사실을 인지해야 한다.

또한 영어의 특징 중 하나는 한국어와는 다르게 강세가 무척 발달되어 있다는 점이다. 그래서 한국어에 비해 리듬감이 있고 마치 노래하는 것처럼 들릴 때가 있다. '나는 어제 점심으로 햄버거를 먹으러 맥도날드에 갔다'라는 문장을 영어식으로 읽으면 다음과 같은 느낌으로 말한다.

나~는! 맥!~ 도~날드에 햄!~버거를 먹!으러 갔!다. 어제.

텔레비전 방송에서 외국인이 한국어로 말할 때를 떠올리면 쉬울 것이다. 그들은 우리 한국인이 듣기에는 어색한 억양으로 한국어 발음을 한다.

'너~ 밥~ 먹었어~?'

'응~ 안~ 머겄~어!'

그들에게는 낯선 개념인 조사(는, 을)를 빼먹고 리듬감 있게 위아 래로 음조가 파도처럼 오르내리며 한국어를 구사한다. 연음과 강 세, 그리고 문장에서의 맥락. 이 모든 것이 우리에게 영어가 제대 로 들리지 않는 이유이다.

② 듣기에 대한 고찰(이해 속도 높이기)

우리나라 영어학습자들의 영어 이해 속도는 1분에 평균 50~80단 어로 이는 원어민의 3분의 1 수준밖에 안 된다. 우리가 외국 영화 나 드라마에서 나오는 영어를 원어민만큼 이해하지 못하는 이유 이다. 우리는 외국인을 만나면 습관적으로 "천천히 말해주세요", "다시 한 번 더 말해주시겠습니까?"라고 부탁한다. 한편, 우리나라 사람들이 우리말을 구사할 때의 평균 속도가 150~200단어라고 한 다. 영어와 비슷한 편이다. 영화 속의 영어가 절대 빠른 것은 아니 라고 할 수 있다.

그러면 어떻게 해야 할까? 답은 간단하다. 영어에 대한 이해 속 도를 높이면 된다. 중학교 듣기평가 속도가 1분에 80단어 수준, 고등학교 듣기평가 수준이 분당 100~120단어 수준, 토익이나 토플 같은 경우는 130~140단어 수준이다. 시험영어는 잘 보면서도 외국인들의 일상적인 말하기를 백 퍼센트 이해하지 못하는 것은 느린 속도의 시험영어에 익숙한 탓이다. 그러므로 영어를 배우면서 분당 이해 속도를 높여야 한다.

분당 이해 속도를 높이려면 어떻게 해야 될까? 가장 경제적이며 쉬운 방법은 꾸준한 영어 독서이다. 독서를 통해서 독해 속도를 높이고 영어식 사고에 익숙해지면 이해 속도가 빨라질 수 있다. 글을 읽으면서 내 머릿속에서 한 번에 처리할 수 있는 단어의 양chunk이 많아지면 전체적인 독해 속도가 빨라지는 것은 물론이고 듣기에서 여유 있게 다음 내용을 예상하면서 들을 수 있다.

- That's the valley(저곳이 그 계곡이야) / where the grasses turn golden(풀이 금빛으로 변한 곳) / in August(8월에).

- She asked(그녀가 물었다) / if I wanted a seat(내가 좌석에 앉기를 원하는지), / so I said(그래서 나는 말했다) / I would sit(나는 앉을 거라고) / next to Min-su(민수 옆에).

- The children need to eat(아이들은 먹을 필요가 있다) / before they go(그들이 가기 전에) / because there are no restaurants(왜냐하면 식당이 없기 때문에) / at the park(공

원에는).

원어민의 말하기를 온전히 듣는 데에는 발음, 강세, 문맥, 그리고 전체적인 속도 모두가 영향을 미친다.

24

보고 듣고 말하고,
미디어를 활용하자

영어공부를 하려면 일단 들어야 한다. 아니, 일단 '들려야' 한다. 들려야 재미가 있고 영어공부에 대한 흥미도 높아진다. 영어공부가 재미가 없는 것은 자신의 영어가 늘고 있는지를 도저히 체감할 수 없기 때문이다. 외국인이 말하는 소리를 들을 수 있도록, 그러니깐 내가 아는 단어로 체화해서 들을 수 있도록 귀를 예민하게 만들어야 한다. 그리고 단어 하나에 집중하기보다는 물 흐르듯이, 마치 음악을 듣는 것처럼 소리를 덩어리chunk로 인지하는 것이 중요하다. 소리의 여러 가지 특성, 예를 들면 음의 높낮이, 리듬, 속도

등을 자연스럽게 인지하는 것이다.

귀를 예민하게 만드는 방법, 지루함을 덜고 최소한 '재미는 보장' 하는 좋은 방법을 하나 소개하겠다. 미디어를 활용한 듣기 방법이다. 여기서도 미리 말하자면, 아무리 들어도 안 들리는 부분이 생긴다. 처음에는 영화 속 배우들의 목소리가 자제력 잃은 원숭이가 떠들고 있는 것처럼 들릴 수도 있다. 안 들리는 부분은 '가볍게' 넘어가자. 앞서 설명한 것처럼(듣기에 대한 고찰) 우리말도 친구가 이야기할 때 잘 안 들리는 부분이 있다. 우리는 그 부분은 문맥을 통해서 '이런 말이거니' 하고 예상하면서 넘어간다. 영어도 마찬가지다. 그 부분을 붙잡고 세월을 낭비하는 우를 범하지 말자.

일단 영화를 하나 정한다. 유튜브 영상도 괜찮다. 영상을 볼 때는 자막을 켠다(유튜브도 자막을 제공한다). 비장한 마음을 버리고 그냥 재미있게 본다. 앞으로 이 영상을 반복해서 볼 테니 내가 흥미를 가질 수 있는 것을, 지루함을 이길 수 있는 것을 고르는 것이 좋다. 이왕이면 미국사람들의 일상을 잘 보여주는 영상을 추천한다. 그리고 한 편당 에피소드가 비교적 짧은 것을 추천한다. 사람마다 취향이 다르지만, 개인적으로 시트콤을 추천한다. 짧고, 중간에 웃긴 장면이 많이 나와서 긴장감이 풀어진다.

1단계: 한글자막 켜고 보기

그냥 편안한 마음으로 즐겁게 본다. 배우들의 표정과 뉘앙스를 살피면서 본다.

2단계: 영어자막으로 보기

전체적인 내용이 다 이해가 되었다면 이제 영어자막을 켜고 본다. 한 번에 전체를 끝까지 보지 말고 매일 10분씩 끊어서 본다. 모르는 단어는 찾아보고, 그래도 해석이 안 되는 부분은 다시 한글자막으로 본다. 아니면 한글자막과 영어자막을 둘 다 화면에 띄우고 보는 것도 괜찮다. 여기서 외국인의 발음이 내가 들리는지 안 들리는지 정확하게 확인하는 것이 중요하다.

3단계: 방금 본 10분 구간을 반복해서 영어로 말하기

방금 보았던 부분을 자막을 읽으면서 영어로 말해본다. 마치 내가 영화배우인 것처럼 최대한 비슷하게 흉내 낸다. 영어는 강세가 있는 언어이기에 가능한 한 '소리'에 집중하면서 억양과 끊어 읽는 부분을 비슷하게 따라 한다. 이렇게 소리에 집중하면서 읽으면 귀도 그 문장에 익숙해지고, 발음도 좋아진다.

4단계: 자막 끄고 보기

자막을 끄고 다시 한 번 시청한다. 모든 소리가 귀에 들리는지 확인하고, 여전히 이해가 잘 안 되는 부분이 있다면 한 번 더 따라 말하면서 귀와 입을 훈련한다. 자막을 보지 않고 소리와 상황에 백 퍼센트 의지하기 때문에 전체적인 그림이 보이기 시작한다. 배우들의 표정과 배경, 몸짓이 훨씬 눈에 잘 보인다. 자막이 있는 영화를 볼 때 우리는 잘 인지하지 못하지만, 자막이 있는 화면 아랫부분에 시선이 오래 머문다. 이는 영화를 전체적으로 보지 못하게 만든다. 한국영화를 볼 때 감동을 받는 경우가 더 많은 것은 언어와 문화를 이해해서 공감이 가는 측면도 분명 있지만, 자막을 볼 필요가 없기 때문에 배우들의 표정연기나 상황을 더 전체적으로 감상할 수 있기 때문이다.

5단계: 소리를 끄고, 한글자막을 다시 켜고, 영화 보기

이제는 소리를 끄고, 한글자막이 나올 때마다 그 부분을 영어로 바꾸어 본다. 그리고 나중에 내가 바꾼 영어식 표현과 실제 대사를 비교하면서 수정해나간다. 그렇게 적극적으로 뇌를 쓰면서 스스로 만든 표현은 결국 내 것이 되고, 실생활에서 나도 모르게 툭 나오게 된다.

6단계: 녹음하기

지금까지 공부했던 구간을 녹음해서 들어본다. 배우의 대사를 반복해서 따라 했던 부분을 막상 녹음해서 들어보면 상당한 차이가 있다. 제법 완벽하게 발음했다고 생각하지만, 어디 숨고 싶을 정도로 부끄러워지는 경우가 생길 것이다. 이왕이면 날짜와 영화 제목을 적고 따로 저장을 해놓는 것이 좋다. 그러면 시간이 흐를수록 나의 실력이 얼마나 향상되었는지 볼 수 있을 것이다.

인정할 부분이 있다. 우리는 절대로 원어민이 될 수 없다는 것이다. 그리고 원어민처럼 말할 수도 없다. 자고 있을 때 빼고 14~20시간 이상을 듣기, 말하기 연습을 한다 해도 원어민처럼 들을 수는 없다. 그들처럼 일상생활에서 익혔던 영어 표현을 훈련할 공간도 없다. 태어나면서부터 영어로 모든 것을 익힌 그들처럼 될 수 없다. 자막 없이 영화배우의 대사를 백 퍼센트 모두 알아듣거나 영어 원서를 다 이해할 수는 없을 것이다. 생각해보면 우리도 우리말로 되어 있는 영화를 백 퍼센트 알아듣지 못하고, 한글로 쓰인 글을 백 퍼센트 이해할 수 없다. 그것에 대해서 부끄러워할까? 매번 그렇지는 않을 것이다.

영어청취 능력 면에서 유아기라고 해도 지나치지 않을 수준에다가 듣는 절대량 또한 부족한 상황에서 모두 알아듣고자 하는 것은 욕심이다. 안 들리는 것이 자랑은 아니지만, 이상할 것도 없다. 그러니 절대로 포기해서는 안 된다. 인정하고 받아들이자. 열심히 듣다 보면 귀에 들리는 단어들이 하나둘 늘어날 테고, 그것이 곧장 나의 영어 실력이 된다. 일단 들려야 말할 수 있다.

우리에게는 영어의 목적이 있다. 항공승무원은 항공승무원의 영어, 영어로 이메일을 쓰는 사람은 이메일용 영어, 영어로 논문을 쓰는 사람은 논문에 필요한 영어, 특정 분야에서 영업하는 사람은 그 영업에 필요한 영어. 모두 필요한 영어가 다르다. 우리는 우리에게 필요한 정도의 영어만 확실히 습득해도 영어로 어려움을 겪지 않는다. 필요에 맞는 영어를 익히면서 조금씩 확장해나가도록 하자.

5장

영어가
생활이 된다

25

어떻게 영어공부를
시작할까?

나는 영어가 좋았다. 학창시절의 나에게 영어는 '효자' 과목이었다. 다른 과목들에 비해 공부하는 시간은 적었지만 결과가 좋은 편이었다.

명절 때 가족과 친지들이 모이면 영화와 음악 이야기를 자주 하셨다. 지금이야 스크린쿼터제가 무색할 정도로 한국영화의 인기가 높지만 당시에는 한국영화를 찾아 보는 사람이 많지 않았다. 대중문화 면에서 한국과 외국의 수준 차이가 많이 났다. 가족들이 모이면 미국영화에 대한 말씀을 종종 나누셨다. 미국문화에 대한 동경은 자연스럽게 영어에 대한 관심으로 옮겨갔다. 영어는 나에게 과목 이상의 의미가 있었다.

삼촌은 엄청나게 많은 레코드판을 보유하고 계셨는데 코흘리개였던 내게도 종종 음악을 들려주셨다. 주로 고전음악과 외국의 유명 팝송이었다. 대형 스피커에서 나오는 멋진 음악에 귀기울이면서 나는 다른 세상을 꿈꾸었다. 레코드판 뒤에는 음악에 대한 설명이 빼곡히 영어로 적혀 있었다. 나는 본능적으로 이 음악을 깊게 이해하려면 영어를 알아야 한다는 생각을 하게 되었다.

공부영어, 그 괴로움의 시작

초등학교 입학 후부터 괴로움이 시작됐다. 레코드판에서 나오는 음악도 없었고, 영어도 배우지 않았다(요즘은 초등학교 3학년 때부터 영어를 시작한다). 얼굴이 까맣고 덩치가 큰 옆 짝꿍은 시도 때도 없이 책상 위에 38선을 그어놓고 넘어오면 "죽는다"며 으름장을 놓았다. 선생님도 나긋나긋한 유치원 선생님과는 달리 명령하고 지시하기 일쑤였다. 지금 돌이켜보면 어쩔 수 없는 부분이 있음을 인정한다. 베이비부머baby boom generation의 자식들인 우리는 단군 이래 인구가 가장 많은 세대였고, 그런 이유로 학교도 선생님도 부족했다. 선생님들도 학생 한 명 한 명에게 신경 쓸 여유가 없었을 것이다.

태생적으로 예민한 나는 그런 딱딱한 분위기가 힘들었다. 학교에서는 점심시간, 체육시간만 기다리며 멍하게 시간을 보내고, 하교 후에는 친구들과 축구, 야구를 하면서 몸을 쓰며 거칠게 놀았다. 초등학교 생활기록부를 보면 1학년부터 6학년까지 "얌전하고 책임감이 강함"이라는 말이 빠짐없이 등장하는데, 학교 밖에서는 친구들과 싸움도 많이 하고 사고도 많이 치는 등 부모님 속을 적잖이 썩히는 아이였다.

'왜 모두 똑같이 책상에 앉아 똑같은 과목을 힘들게 공부하면서 버텨야 할까?'

세상에 대한 호기심과 어른에 대한 반발감이 생기면서 모든 것이 부조리하게 보였다. 나는 학교 밖을 동경했고, 그럴수록 영어는 내게 돌파구처럼 느껴졌다.

"One who speaks only one language is one person, but one who speaks two languages is two people(하나의 언어를 구사하는 사람은 그냥 한 사람이지만, 두 언어를 구사할 줄 아는 사람은 두 사람이다)."_터키 속담

토요일이면 집 앞 상가에 있는 조그마한 서점에 가서 책을 고르는 것이 작은 즐거움이었다. 지금과 같은 대형서점이 없던 시절이

다. 서점주인 아저씨는 초등학교 때부터 줄곧 봐왔던 분이라서 책 구경만 한다고 잔소리하지는 않으셨다. 오히려 나에게 서점을 맡기고 잠시 볼일을 보러 가실 정도였다.

중학교 때는 겉멋이 드는 시기였다. 나는 좀 '특별하게' 보이고 싶었다. 두꺼운 책을 읽고 싶었고, 이왕이면 외국 저자가 쓴 작품을 읽고 싶었다. 한번은 책장에서 멋지게 나이든 어떤 할아버지가 표지에 나오는 소설집이 눈에 보였다. 헤르만 헤세의 단편작품집이었다. 그때 읽었던 헤르만 헤세의 『수레바퀴 아래서』가 나의 일탈을 부추겼다.

특히나 '연합고사'라는 고입시험 준비로 밤 열 시가 넘도록 학교에 남아 있었던 중3 때는 그 괴로움이 더했다. 인문계 고등학교에 들어가서 좋은 성적을 내는 것이 목표라고 하는데, 왜 내가 그런 삶을 따라야 하는지 알 수 없었다. 열심히 공부만 하면 더 나은 사람이 될 수 있다고 어른들은 말했지만, 나는 그런 생각에 무작정 따르는 것이 괴로웠다. 선생님에 대한 복종을 강요하는 학교가 싫었고, 부모님과의 갈등이 점점 심해지기 시작했다.

내게 '어른'과 '학교'는 기성세대의 무지막지한 권력으로 보였다. 당시 인기였던 서태지의 <교실 이데아>를 노래방에 갈 때마다 목이 터져라 부르곤 했다. 학교가 너무 싫어서 대학을 진학할 때도 교육대학교는 아예 거들떠보지 않았다. IMF로 가정경제가 어려운 시기라 부모님께서는 내심 등록금이 싼 국립에 가기를 원했지만, 난 단호했다. 선생님이 되기는 싫었다. 대학교에서는 학과 성적이 상위 10퍼센트 안에 들면 교직 이수가 가능했지만, 성적이 충분했음에도 거들떠보지도 않았다. 그랬던 내가 지금 학생을 가르치는 강사 일을 하고 있는 것이 참 아이러니하다.

영어 도구 사용하기

학창시절의 이런 경험이 강사가 되어 지금 학생들을 가르치는 나에게 많은 도움을 주고 있다. 일단, 학생들은 영어가 힘들기 때문에 학원을 찾는다. 영어에 힘들어하는 친구들은 사실 다른 과목도, 아니 공부 자체를 힘들어하는 경우가 많다. 그리고 그런 친구들은 마음에 크고 작은 상처가 하나씩 있다. 내가 제일 신경 쓰는 것은 그들의 마음에 상처를 주지 않는 것이다.

나 역시 학교 선생님이나 부모님의 태도로 힘들었기 때문에 그들의 이야기를 가능한 한 들어주려고 하고, 다그쳐서 막다른 골목에 몰아가기보다 따뜻하게 위로하려고 노력한다. 그리고 영어를 공부하면서 내가 겪은 경험을 아이들과 많이 공유하려고 한다. 영어 자체는 딱딱한 시험 과목이 아니라 사실 자신이 좋아하는 것을 하기 위한 '도구'라고.

다시 학창시절로 돌아가면, 나는 본 조비, 비틀즈, 퀸, 레드 제플

린의 음악을 들으면서 자연스럽게 가사가 궁금했고 그 가사를 찾기 위해 여기저기 잡지를 뒤지곤 했다. 그러나 어렵사리 가사를 찾아도 그것으로 만족이 되지 않았다. 좋아하는 밴드의 숨겨진 뒷이야기를 알고 싶었고, 노래의 배경에 대해 더 알고 싶었다. 그래서 신문과 잡지에 나온 음악 기사를 오려서 따로 스크랩북을 만들었고, 영어로 된 기사를 한글로 번역해 나름 정리했다. 할아버지댁에 있는 삼촌의 수많은 레코드판 뒤에 있는 영어 지문들도 '해독'하면서 조금씩 단어와 문장의 감을 익혔다.

이런 개인적인 재미 덕분에 나의 영어 실력은 크게 늘 수 있었다. 학교 영어수업과 수능영어에서 접하는 지문들이 더이상 어렵지 않았다. 학교에서 배우는 영어는 내가 어렵게 구해서 읽었던 지문들에 비해서 너무 쉬웠다. 나는 지금도 강의를 하면서 학생들에게 영어로 된 자료를 직접 많이 구해 보라고 한다. 요즘은 마음만 먹으면 인터넷으로 원하는 최신 자료를 얼마든지 찾아볼 수 있다. 글을 해독하기 위해서 스스로 찾아서 외운 영어단어들은 쉽게 까먹지 않는다. 내 경우는 음악이었지만, 영화와 미드도 영어를 향상시킬 수 있는 좋은 소스가 된다. 특히 <어벤져스> 시리즈는 그 서사가 방대해서 캐릭터의 탄생 비화, 마블 세계관 같은 것을 직접 영어로 찾아보면서 독해와 어휘 실력을 향상시킬 수 있다.

공부라는 것이 특별히 다른 것이 아니다. 좋아하는 것을 찾아 그것에 몰입하면서 즐거움을 찾는 것이다. 그런 개인적인 즐거움을 찾다 보면 자신도 모르게 실력이 점차 쌓인다. 그리고 실력이 쌓일수록 영어가 더욱 쉬워지는 선순환이 생긴다.

26

국가대표처럼
공부하라

영어공부는 기본적으로 훈련이다. 특히 말하기의 경우, 다양한 상황에서 그에 알맞은 표현을 쓰려면 우리의 감각을 총동원하여 훈련을 해야 한다. '너 뭐하고 있니?'를 생각할 때 'What are you doing?'을 말하고, '나 지금 집에서 밥 먹어' 하면 'I am eating at home'이라는 말이 자동으로 나올 수 있도록 평소에 반복해서 훈련해야 한다. 거기에서 현재진행형과 전치사를 떠올리지 않고 바로 말할 수 있어야 한다.

문법으로 시작해도 된다

처음에 공부할 때는 문법으로 시작하는 것이 오히려 좋다. 문법은 언어 표현의 기본 뼈대라고 할 수 있다. '문법 없이 공부해도 단어만 알면 기본적인 소통은 가능하다'고 생각하거나 '굳이 문법을 공부해 어순을 지키며 말하지 않아도 그 나라 현지인이면 다 알아듣는다'고 주장하는 사람들도 있다. 반만 맞는 말이다. 문법을 알면 그 언어가 이루는 형식을 알게 되고, 또 문장에서 단어를 알맞게 구성하여 소통하는 방법을 알게 된다. 문법은 언어 속의 '공식'이다. 수학에서 문제에 적절한 공식을 사용하면 훨씬 쉽고 정확하게 해결할 수 있는 것처럼, 적절한 문법을 적용하면 내가 말하고자 하는 것을 훨씬 빠르고 올바르게 표현할 수 있다. 문법은 시행착오를 줄이는 효과가 있다. 공부는 시간과의 싸움이다. 아이가 모국어를 배우듯이 수천 번을 듣고 따라 말하면서 배우기보다는 문법적으로 정리된 표현을 익혀서 적절하게 표현하는 것이 진행 속도가 훨씬 빠르다.

복서처럼 연습 또 연습

영어의 수준이 어느 이상 되면 문법적 사고가 영어를 자연스럽게 구사할 때 방해를 되는 시점이 온다. 우리가 한국어로 말할 때 문법에 맞춰 정확히 말하려고 이리저리 고민하지 않는 것처럼, 원어민에게도 영어는 일상적으로 쓰는 말이다. 그들과 마찬가지로 자연스럽게 나와야 진짜 말이 된다. 다양한 상황 속에서 즉흥적으로 툭 튀어나와야 진짜 언어다. 그리고 그렇게 자연스럽게 나오려면 반복, 또 반복해야 한다. 아무리 좋은 표현을 외우고 어려운 단어를 외워도 그게 내 입에서 자연스럽게 나오지 않으면 그건 나의 '말'이 아니다.

복싱을 예로 들어보자. 복싱은 체력과 기술, 민첩성, 내구성이 필요한 종합적인 운동이다. 12라운드를 견디기 위해서는 체력을 높이고 근육을 강화해야 한다. 경기장의 다양한 상황에서 원하는 기술을 보이기 위해서 숱하게 연습을 해야 한다. 훅, 잽, 크로스 펀치, 어퍼컷을 연습한다. 실전에서 그 펀치를 상대에게 한방 먹이기 위해서.

영어도 훈련을 통해 원어민의 발음을 있는 그대로 흉내 낼 수 있도록 노력해야 한다. 처음에는 짧은 문장부터, 나중에는 긴 문장에 이르기까지 그 문장을 상황에 맞게 잘 쓸 수 있도록 연습해야 한다. 어퍼컷을 쓸 수 있는 상황에서 멋지게 펀치를 날리듯, 그 순간에 딱 맞는 표현을 쓰도록 훈련해야 한다. 훈련을 꾸준히 하다 보면 원어민의 속도로 말하고 듣고 이해하는 수준에까지 도달할 수 있게 된다.

영화를 활용하는 방법도 좋고, 음원파일 구해 듣는 것도 좋다. 원어민이 하는 소리를 마치 성대모사 하듯이 따라 하려고 노력하는 것이 좋다. 펀치 하나를 제대로 갈고닦기에도 시간이 걸리듯 한 문장 한 문장 제대로 흉내 내려면 시간이 필요하다. 이 펀치가 상대에게 알맞은 상황에서 딱 꽂히듯이, 내가 숱하게 읽고 들어서 자연스러워진 문장만 알맞은 상황에 냅다 꽂을 수 있다. 일종의 '입 근육' 만들기이다.

피트니스센터에 가 보면 트레이너들이 너무 힘들어 포기 직전인 회원에게 "한 번 더"를 외치면서 마지막까지 독려한다. 내 입과 귀가 자연스러워지도록, 그 펀치(문장)에 "한 번 더"를 외치면서 끝까지 완벽하게 흉내 낼 수 있도록 연습하자. 한 문장이 익숙해지면 다른 문장으로 넘어간다. 어린아이들이 말을 배울 때는 처음 배운 말의 표현을 하루 종일 반복하면서 논다고 한다. 우리는 어린아이들보다 진도가 빠를 것이다.

중학교 교재를 볼까?

"How are you?"

"I'm fine. Thank you, and you?"

옛날 중학교 영어교과서에 나왔던 첫 번째 대화 내용이다. 우리는 이 내용을 가지고 여러 가지 웃긴 농담을 만들어 한국인들의 영어 수준을 평가절하한다(미국에서 교통사고가 나서 경찰이 물었다. "how are you?" 한국인이 피를 흘리면서 대답한다. "I'm fine. Thank you, and you?"). 그러나 뭐 어떤가? 위의 표현을 확실히 익혔으면 이제 다른 표현을 훈련하면 된다. "I'm from korea. Where are you from?" 이렇게 내가 할 수 있는 문장을 하나하나 추가하면 되는 것이다. 그러면서 나의 하루 일과를 모두 영어문장으로 만들어본다. 예를 들면, 아침에 일어나서 세수하고 학교 가서 공부하는 일련의 행위를 모두 영어문장으로 만들어보는 것이다. 그리고 그 문장들을 외우고 반복해서 나의 것으로 만든다.

I get up in the morning.

I wash my face.

I am hungry.

I eat breakfast.

생각해보면 우리가 영어로 외국인에게 말할 때 어떤 대본이 주어지는 것은 아니다. 우리는 그저 자신의 일상생활을 이야기한다. 누군가가 어떤 내용을 물어보면 우리는 자신의 삶과 생활에 대해서 말할 수밖에 없다. 영어는 도구이고, 우리는 그 도구를 빌려 나자신의 이야기를 남에게 표현한다.

하루에 한 문장씩

하루에 한 문장이라도 확실히 내 것으로 만들면, 그 표현들이 쌓일수록 나의 이야기를 영어로 쏟아내는 것이 점점 쉬워진다. 그러다가 5분 이상 자기 이야기를 자신 있게 영어로 말할 정도가 되면 게임은 끝난 것과 마찬가지다. 생각해보자. 친구들과 우리말로 대화할 때 5분 이상 혼자 떠들어본 적이 있는가? 그럴 기회도 없고, 그렇게 자신의 이야기를 우리말로 쏟아내는 것도 쉽지 않다.

나의 성격과 취미, 직업 등과 같은 개인적인 정보를 전달할 수 있는 정도의 수준이 나의 영어 수준이다. 그렇게 자기 수준의 말들을 직접 만들어보면서 우리는 영어를 깊이 내면화할 수 있게 된다. 하루에 한 문장을 만들어서 외우는 것을 목표로, 그리고 그것을 철저하게 내 것으로 만들면서 나의 문장들을 꾸준히 축적해보자. 언젠가는 내가 원하는 길이로, 내가 원하는 목적으로 영어로 말하는 스스로를 발견할 수 있을 것이다.

27

공부의 골든타임을
찾아라

"Time is what we want most but what we use worst(시간은 우리가 가장 원하지만, 우리가 가장 최악으로 쓰는 것이다)."

_윌리엄 펜

아무리 좋은 공부 전략을 세워도 실행하지 않으면 소용이 없다. 공부할 시간을 마련하지 못해 시작하기를 꺼려 하는 사람도 있다. 특히 직장인들이 그렇다. 하지만 모두에게 24시간은 동일하며 그 시간 안에서 어떤 사람은 많은 것을 달성하고, 또 어떤 사람은 무의미하게 시간을 보내기도 한다.

시간관리란 목표를 달성하기 위해서 시간을 만들어내는 것을 뜻한다. 당신은 출퇴근하는 동안 무엇을 하는가? 핸드폰을 만지작거리지는 않는가? 귀에 이어폰을 끼고 좋아하는 음악을 듣고 있지는 않는가? 당신의 목표가 영어를 잘하고 싶은 것이라면 그 시간에 영어회화 음원파일이나 오디오북, 혹은 TED 강연을 보고 들을 수 있다. 통근시간이 왕복 한 시간이라고 가정하면, 우리는 일주일에 주말 빼고 5시간을 확보할 수 있다. 한 달이면 20시간, 1년이면 240시간이다. 이 240시간을 오롯이 한 분야에 투자한 사람과 그렇게 하지 않은 사람은 나중에 분명한 차이가 있을 것이다. 그리고 그 차이는 시간이 흐를수록 점점 더 커질 것이다.

$$1.01^{365} = 36.8$$
$$0.99^{365} = 0.03$$

[1퍼센트의 힘!]

일본 작가 와다 이치로는 하루하루의 중요성을 이야기하면서 다음과 같이 말했다. "매일 1퍼센트씩 자신의 행동을 개선해나간다면, 우리는 1년 뒤 약 36배 더 성장할 수 있다." 0.01이 당장은 눈에 크게 띄지 않을지라도 1년만 꾸준히 하면 우리는 상상할 수 없는 변화를 만들어낼 수 있다. 그렇지 않고 우리가 매일 1퍼센트의 자신의 귀중한 가능성을 버린다면, 그런 시간이 20년, 30년 흐른다면 어떻게 될까? 매일 노력하는 사람과 노력을 하지 않는 사람의 차이는 시간이 흐를수록 그 차이가 점점 커진다.

이 1퍼센트의 노력이 우리를 만드는 것이다. 오늘의 내가 어제보다 조금만, 아주 조금만 더 나아지기를 바라면서 공부를 꾸준히 해나가자. 목표를 명확히 하고, 어제보다 조금만 더 노력하겠다는 마음을 가진다면 못할 것도 없다.

즐거운 만큼만 공부한다

나는 영어를 공부할 때 하나만을 주구장창 공부하지는 않았다. 예를 들어 영어 원서를 읽는다고 하면, 여러 권의 책을 두고 지루할 때마다 바꿔서 읽었다. 하나만 읽다 보면 아무래도 집중력이 떨어질 수밖에 없기 때문이다. 뇌과학 전문가들은 우리의 뇌가 빨리 지루해하면서 다른 자극 거리를 끊임없이 찾는다고 한다. 나는 지루할 때마다 다른 책을 보면서 새롭게 기분을 환기하는 편이다. 그러면 집중력이 다시 올라가는 것 같다. 책을 읽다가 도무지 집중이 되지 않으면 인터넷에서 TED 강연을 듣거나 영어로 된 유튜브를 본다. 당연히 그만큼 영어공부 시간은 길어진다. 그러나 공부하는 동안 그다지 지루하지는 않다.

한 실험에 따르면, 근육처럼 우리의 뇌도 공부를 반복하면 쉽게 피로해진다고 한다. 그래서 책을 읽을 때 처음 10쪽까지는 내용을 쉽게 이해하고 정확히 기억하지만 뒷부분으로 갈수록 기억의 정확도와 이해력이 떨어진다고 한다. 우리는 학교 다닐 때 공부시간을 정해놓고 그 시간에는 한 과목만 공부하도록 강요받았다. 정해진 수업시간에 다른 과목 책을 펴놓는 것은 상상할 수 없는 일이었다. 방학 때 공부시간표를 짤 때도 몇 시부터 몇 시까지는 무슨 과목, 또 몇 시부터 몇 시까지는 무슨 과목 식으로 주어진 시간에 딱한 과목만을 공부하는 시간표를 짰다.

그러나 이런 시간표는 뇌의 쓰임을 고려해볼 때 굉장히 비효율적인 방법이다. 우리 뇌는 그렇게 오래 집중력을 유지할 수 없다. 나는 책을 읽을 때처럼 공부를 할 때도 여러 과목을 한 번에 보면서 집중력을 유지하려고 노력한다. 공부는 투입한 시간보다 질이 더 중요하다. 집중해서 10분 읽은 내용이 훨씬 더 기억에 오래 남는 법이다.

책을 여러 권 읽다가 각각 다른 책에서 나온 내용이 묘하게 서로 얽혀서 창의적인 발상이 순간적으로 떠오를 때가 있다. 혹은 방금 책에서 공부했던 영어단어가 유튜브를 볼 때 바로 들리기도 한다.

그러면 바로 그 단어를 인터넷에서 확인하면서 예문을 보고 그 쓰임에 대해서도 확인한다. 무식하게 연습장에 빽빽하게 반복해서 쓰면서 외웠던 영어단어보다 오래 기억에 남는 것은 물론이다.

내게 딱 맞는 시간이 언제일까?

사람마다 자기에게 맞는 공부 시간이 있다. 일단 공부를 할 때는 어수선한 상황보다 비교적 안정된 공간과 시간에 집중이 잘 되는 법이다. 나는 그 시간을 오전 6시와 새벽 1시로 잡았다. 하루 중 유일하게 스스로에게 온전히 집중할 수 있는 시간이기 때문이다. 이 시간에는 핸드폰을 끄고 가급적 인터넷도 멀리한다. 불필요한 방해를 없애겠다는 결심이 확실하면 '집중'이 주는 혜택을 온전히 누릴 수 있다. 집중이란 것은 가장 중요한 딱 한 가지를 제외하고 나머지 전부를 정리하는 것을 말한다.

공부가 재미없는 것은 공부가 자신을 고생시킨다고 생각하기 때문이다. 공부는 기본적으로 우리의 육체를 힘들게 한다. 책상에 오래 머물게 하고, 하나만 오랫동안 응시하도록 만든다. 그것 자체가 쉽지 않다. 그러나 공부를 통해서 모르는 것을 발견하는 희열을 느낄 수 있다면, 그 희열은 육체적 어려움을 극복하는 동기가 된다. 이전에는 전혀 들리지 않던 영어문장이 귀에 들리고, 해석이 안 되는 문장이 어느 순간 해석이 된다면 우리는 성장의 즐거움을 알게 된다. 그리고 이런 성장에 대한 실감은 좀 더 향상된 집중을 가능하게 하고, 오랫동안 몰입이 가능한 상태로 만들어준다. 공부에 대한 '몰입'은 우리에게 텔레비전과 스마트폰의 유혹을 물리치게 만드는 즐거움이 된다. 이런 즐거움이 하나둘 쌓일수록 딴짓의 유혹을 물리칠 수 있는 의지 '근육'을 키울 수 있다.

일어나자마자 다 끝내버리기

공부를 하겠다는 확고한 결심이 서면 아침에 일어나서 그날 해야 할 공부의 반을 끝낸다는 마음으로 시작하자. 강사인 나는 지금도 공부를 한다. 학생들처럼 국영수를 공부하지는 않지만 수업 준비와 함께 내가 관심을 가지고 있는 분야에 대한 공부를 여전히 하고 있다. 하루의 목표량을 정하고 오전에 딱 그 절반을 완수하기 위해서 최선을 다한다. 이메일이나 인스타그램, 페이스북은 가능한 한 보지 않으려고 한다. 불필요한 시간을 낭비하지 않기 위해서다. 마감이 있는 것처럼, 시험기간처럼 집중한다.

오전에 두 시간 정도 집중하고 나면 가족들이 하나둘 일어난다. 그리고 예상치 못한 간섭들이 생긴다. 공부에 대한 몰입도가 떨어지면 이제부터 마음의 여유를 가진다. 이미 오늘 해야 할 공부의 반절을 완수했기 때문에 여유를 부려도 된다는 마음이다. 이제 나머지 시간을 좀 더 여유롭게 공부할 수 있다. 오후와 저녁에 일을 끝내고 난 뒤 씻고 일과를 마무리하면 새벽 한 시쯤이 된다.

퇴근하고 새벽 한 시까지의 시간은 내가 오전에 얼마나 열심히 살았는지에 따라 여유가 있기도 하고 바빠지기도 한다. 목표량을 다 채웠을 경우에는 새벽 한 시를 즐겁게 놀면서 보낼 수 있다. 그렇지 않고 오전에 공부를 정해진 양만큼 다 못했다면 공부량을 재설정하거나 공부시간에 대해 다시 한번 고민한다.

사람마다 자신에게 잘 맞는 공부시간이 있다. 시행착오를 겪더라도 직접 시간을 들여 한번 연구해보길 권한다. 내게 맞는 시간을 찾으면서 점점 시간에 끌려다니는 대신 시간을 지배하는 느낌을 받을 수 있다. 자존감이 올라가게 될 것이다. 당당하게 하루를 통제하는 자신을 발견하게 될 것이다.

≫— 28 —→
혼밥 먹듯
혼공하라

"고독함 속에 강한 자는 성장하지만, 나약한 자는 시들어버린다(The strong grows in solitude where the weak withers away)." _칼릴 지브란

살다 보면 더이상 다른 누군가에게 기댈 수 없는 순간이 찾아온다. 혼자 견뎌내야 하는 순간이다. 고독은 인간의 본성이다. 외로움을 잠시 잊고 살 수는 있어도 없앨 수는 없다. 공부는 이 외로움과 함께 나아가는 일이다. 자신을 사랑하는 사람, 꿈이 있는 사람

은 혼자 하는 공부를 즐길 수 있다. 공부는 그 누구도 아닌 오로지 자신을 위한 것이다. 목표를 앞에 두고 게으름을 피운다면, 그리고 공부가 부족해 기회조차 얻지 못한다면 정말 억울할 것이다.

우리는 새로운 시대에 살고 있다. 사람과 경제와 정보가 국경과 공간을 넘나든다. 미국에서 유행하면 시차 없이 한국에서도 유행한다. 이러한 새로운 환경에서 100년 전과 다름없는 학교에서 공부하는 것이 아이러니하다. 전화기, 자동차, 옷차림 등은 100년 전과 비교도 안 될 만큼 많이 바뀌었다. 그러나 학교는 하나도 바뀌지 않았다. 우리 아버지가 다닌 학교와 내가 다닌 학교, 그리고 우리 아들이 다닌 학교는 기본적으로 그 형태가 같다.

우리나라에 담장에 둘러싸인 대표적인 시설이 두 개 있는데, 하나는 교도소이고 다른 하나는 학교라고 한다. 100년 전과 다름없이 매일 같은 교실에서 선생님에게서 똑같은 지식을 비슷비슷한

[학교와 교도소]

형태로 배우고 있다. 그러나 학교 밖에서는 지금 거대한 변화의 물결이 일고 있다. 스마트폰만 누르면 모든 지식을 바로 확인할 수 있다. 배울 의지만 있다면 지금 당장이라도 공부를 할 수 있다. 굳이 학교나 학원에 가지 않아도 언제 어디서든 쉽고 질 좋은 수업을 받을 수 있는 시대다. 교실은 예전이나 지금이나 똑같지만, 혼자 공부하기에 이보다 좋았던 적은 없다.

혼공의 시대

공부라는 것이 단지 수학, 영어 등 교과서에 있는 내용에 국한되는 것은 아니다. 세상을 지혜롭게 살아가는 방법을 익히고 배우는 것 모두가 공부다. 세상에는 알면 알수록 신나고 즐거운 일이 정말로 많이 있다. 교사는 학생에게 일방적으로 지식을 전달하고 학생은 그것을 듣기만 하는 인풋Input 위주의 학습방식은 효율적이지도 즐겁지도 않다. 배움의 의미를 알지 못하고 스스로 탐색의 기회도 가지지 못한 채 타인에 의해 억지로 강요된 공부는 학생을 고통스럽게 만든다.

혼자 하는 공부는 자신에게 적절하게 속도를 조절하고 아웃풋Output의 양을 조절할 수 있는 맞춤형 수업이 가능하게 해준다. 나의 공부를 나에게 맞춰 디자인하는 것이다. 아는 만큼 보고 아는 만큼 생각하기 마련이다. 앎을 풍성하게 하고 다채롭게 채워주는 멋진 도구가 바로 공부이다. 다른 사람들이 오랜 시간을 들여 힘들게 만들어놓은 지식을 우리는 공부를 하면서 전수받는다.

영어뿐 아니라 모든 공부가 마찬가지이다. 사람마다 각자에게 맞는 공부법이 분명 있다. 하루 이틀만 하고 말 것이 아니라 5년, 10년 계속해야 하는 공부라면 오랫동안 질리지 않고 즐겁게 할 수 있는 방법을 혼공하면서 스스로 찾아보자. 지금은 의지만 있다면 무엇이든 배울 수 있는 시대다. '어떻게 공부하면 재미있을까?' 고민하고 찾는 과정 그 자체로 공부가 더 재미있어질 것이다.

≫— 29 —→
좋은 머리를
만드는 방법

우리는 수많은 유혹 거리와 함께 살고 있다. 그래서 특히 공부할 때는 그런 유혹 거리를 적절히 처리해야 한다. 외부 자극은 우리에게 놀랄 만큼 큰 영향을 미친다. 한 실험결과를 보면, 휴대전화를 앞에 두고 있던 손님들이 벨이나 진동이 울리는 것과 상관없이 무의식적으로 5분마다 휴대전화를 확인하는 것으로 나타났다. 핸드폰이 우리 곁에 있는 것 자체만으로도 함께한 사람들과의 관계를 방해하고 집중을 해친다는 것을 보여준다. 여기서 흥미로운 사실이 하나 더 있다. 실험에 참가했던 사람들이 자신이 5분에 한 번씩 휴대전화를 봤다는 사실 자체를 인지하지 못했다는 점이다.

우리 주변의 많은 것들이 너무나도 자주 우리의 주의력을 빼앗고, 우리의 장기적인 목표를 방해한다. 이런 것들을 공부 환경에서 줄여야 한다. 공부를 하겠다고 마음을 먹었으면 스마트폰, 특히 각종 SNS 어플들을 열지 않겠다고 다짐해야 한다. 공부를 할 때 노트북, 아이패드 등 기능이 겹치는 도구들이 있으면 일단 그 가짓수를 줄이는 것이 좋다. 노트북 하나만 들고 스마트폰을 비롯한 다른 것들은 눈에 보이지 않는 곳에 두는 것도 한 가지 방법이다. 특히 스마트폰은 요술봉처럼 영화도 볼 수 있고, 모르는 영어단어도 찾을 수 있고, 글도 읽을 수 있는 최고의 만능 도구이지만, 우리는 그것을 백 퍼센트 통제할 수가 없다. 언제 올지 모르는 카톡을 모두 억제하기란 불가능하다. 공부할 때는 눈을 뗄 수 없는 이 매력덩어리와 거리를 두자.

뇌의 집중과 낭비

스티브 잡스는 옷을 고르는 시간을 아끼기 위해서 한 가지 스타일만을 고집했다. 마크 주커버그는 회색 티셔츠로 옷장을 채웠고, 아인슈타인도 외출할 때 회색 양복만 입었다고 한다. 공부를 하기로 마음을 먹었으면 가능한 한 일의 가짓수를 줄여야 한다. 친구에게 전화나 해볼까, 저녁에 텔레비전을 봐야지, 친구 고민도 들어줘야 하는데, 저녁은 직접 만들어 먹어야겠어…… 우리의 관심을 끄는 것들이 모두 동일하게 중요도를 갖는 것은 아니다.

집중이란 것이 원래 어렵지만 일단 시작을 하면 몇 시간은 계속할 수도 있다. 운동을 할 때를 생각해보자. 시작하기는 싫었지만 일단 해보니 몇 시간이 훌쩍 지나갔던 경험이 있을 것이다. 우선 앉아서 몇 분이라도 무언가를 시작하면 자신도 모르게 추진력을 얻을 수 있다. 추진력이 강해지면 깊은 몰입을 경험하게 된다. 하루 종일 의도하지 않은 일에 주의를 집중하면서 자신의 뇌를 사용하기보다 목적의식을 가지고 집중해나가는 연습을 해야 한다. 그래야 몰입할 수 있다. 내가 영어공부를 해야 하는 이유에 집중하고, 또 영어공부를 통해 얻는 작은 성취들을 떠올리면서(영어시험 성적이 10점 오른다거나 안 들리던 영어단어가 들린다거나 외국에 나가서 영어로 음식 주문을 하는) 활기를 느낄 수 있다. 그렇게 하면 뇌는 어느 순간 다른 자극을 찾아 헤매는 것을 멈춘다.

하루에 우리가 쓸 수 있는 뇌의 사용량은 정해져 있다. 따라서 공부하기에 앞서서 나의 뇌 용량을 어디에 얼마만큼 집중을 할지 선택해야 한다. 인스타그램를 보면서 나의 소중한 뇌 기능을 전부 낭비하고 싶은 사람은 없을 것이다.

원숭이 길들이기

영어를 공부하겠다고 굳게 마음먹고 스마트폰도 눈앞에서 치웠다. 그럼에도 우리 마음은 심각한 저항에 직면한다. 기본적으로 우리는 '어려운 것'을 싫어한다. 그래서 그 어려운 것을 시작하기까지 시간을 끌면서 계속 미루려고 한다.

또한 뇌과학자들은 우리 뇌에 '새로운 것을 향한 편향성'이 있다고 말한다. 말하자면, 도파민dopamine이라는 물질로 인해 우리는 새로운 자극을 끊임없이 찾아다니며 움직인다는 것이다. 오래전 우리 조상들에게는 생존을 위해 주변에 호랑이 같은 위험한 동물이 있는지 '얇고 넓게 보는' 주의력이 필요했다. 끊임없이 주의를 살피면서 포식자가 달려오는 것을 대비해야 했다. 지금 우리의 뇌도 그때 우리 조상의 뇌와 크게 다르지 않다. 그러나 이 편향성이 한때는 이로웠을지 몰라도 지금 우리에게는 불리하게 작용한다. 우리 뇌에 있는 원숭이를 통제해야만 무언가를 성취할 수 있다. 몇 분이라도 하나에 집중을 해야 배울 수 있다.

90분마다 쉬기

매일 20분씩 전화영어를 한다고 해보자. 사실 그렇게 20분씩 10년을 공부하는 것보다 하루 내내 깨어 있는 모든 시간을 영어에 노출하면서 1년 동안 배운 사람의 실력이 훨씬 좋다. 수영을 생각해보면 이해가 빠를 것이다. 하루에 10분씩 수영을 한 달 동안 배우는 것보다 일주일 동안 한 시간씩 배우면 영법 하나를 제대로 배울 수 있다.

모든 공부가 그렇겠지만 일정 시간 이상 집중적으로 하지 않으면 성과를 보기 힘들다. 말하기든 쓰기든 듣기든 최대한 밀도 있게 공부시간을 확보해야 한다. 무작정 열심히만 하면 된다는, 혹은 몇 년간 꾸준히 하면 잘할 거라는 생각을 버리고 이왕 시작했으니 독하게 시간을 내서 공부해야 한다. 하루에 한 시간 10년 동안 스케이트를 탄 사람보다 4년 동안 잠자는 시간 빼고 하루 종일 스케이트를 탄 열두 살의 김연아 선수가 스케이트를 훨씬 더 잘 탄다.

공부를 할 때 적절한 휴식도 중요한다. 적어도 90분마다 쉬어야 한다. 우리의 정신력은 90분 주기로 진동한다. 잠을 잘 때도 90분 주기로 '얕은 수면', '깊은 수면', '렘REM 수면'을 오간다. 잠에서 깬 다음에도 우리 에너지는 같은 리듬을 계속 유지한다. 90분마다 짧게 휴식을 취하면 선천적으로 고점과 저점을 오가는 에너지 주기를 적극적으로 활용할 수 있다.

집중력이 떨어진다고 느끼기 시작하면 일단 쉬자. 전략적으로 휴식을 취하자. 아니면 한 시간 공부하고 15분을 쉬는 것도 괜찮다. 학교 다닐 때 50분 수업을 하고(초등학교 40분, 중학교 45분, 고등학교 50분) 10분을 쉬는 것도 다 이유가 있다. 휴식을 취하기에 가장 좋은 때는 휴식이 필요하기 바로 직전이다. 피곤함을 느끼기 전에 물도 한잔 마신다. 휴식을 적절하게 취하면 높은 생산성으로 공부를 계속할 수 있다. 영리하게 잘 쉴수록 더 많은 것을 성취할 수 있다.

30

분노
공부법

"Without studying the soul sick(공부하지 않으면 영혼은 병이 든다)." _세네카

　너무나도 싫은 누군가와 대결을 할 때 집중력이 높아진 경험을 해봤을 것이다. 무조건 이겨야 하는 한일전처럼 말이다. 갑자기 능력이 120퍼센트가 된다. 증오하는 상대에 대한 기사를 읽을 때나 혐오스러운 글을 읽을 때 나도 모르게 빠른 속도로 읽으면서 이에 대한 반박 내용이 자동적으로 머릿속에 정리되기도 한다. 이렇듯

분노의 감정은 우리를 짧은 시간에 몰입하게 만드는 효과가 있다. 감정을 가지고 공부를 해야 하는 이유가 바로 여기에 있다.

공부는 기본적으로 뜨거운 것이다. 그 뜨거운 것을 적극적으로 활용하는 방법이 토론이다. 영어권의 학교 공부에서 토론을 특히나 중요하게 생각하는 이유도 바로 이 때문이다. 토론대회도 활성화되어 있다. 뜨겁게 상대와 토론하면서 감정을 실어 자신의 의견을 말하고, 그에 대한 근거를 정리한다. 그리고 그런 과정을 통해서 상대의 논리를 읽고, 나의 논리를 계속 가다듬을 수 있다.

공부를 할 때도 다른 학습자들과 함께 공부하는 것이 좋다. 함께 공부하면서 어째서 이것이 정답이 아닌지, 왜 나는 이렇게 생각하는지 서로의 해법을 배울 수 있다. 그렇게 서로 주고받으면서 공부를 하다 보면 혼자 공부할 때보다 훨씬 많은 것이 기억에 남는다. 감정 없이 단순히 암기하는 것은 비효율적이다.

뜨겁게 공부하라

함께 공부를 하다 보면 밀리고 싶지 않은 경쟁심이 생긴다. 더 돋보이고 싶은 마음이 우리를 더욱 뜨겁게 공부하도록 이끈다. 우리가 공부하는 수많은 지식에는 그것을 만든 많은 학자와 사상가들의 뜨거운 노력과 시간이 담겨 있다. 영어뿐만 아니라 수학, 과학, 역사, 사회 등 모든 학문이 뛰어난 지성들의 뜨거운 결과물이다.

그들은 자신의 이론과 업적을 후대에 남기기 위해서 기꺼이 자신의 전 생애를 바쳤다.

공부가 그저 시험을 위한 것이라고 생각하기보다 나의 인생관과 철학을 만드는 자양분이라 생각하고 머릿속에 소중하게 담아두는 것이 어떨까? 공부를 진지하게 여기고, 또 다른 누군가와 함께 공부하면 좀 더 적극적으로 하게 되는 것은 물론, 자신의 미래에 대한 힌트를 얻을 수 있다. 우리가 공부를 하는 이유는 인생을 어렵게 만들기 위한 것이 아니라 명확하고 쉽게 만들기 위해서다.

6장

영어로 말하기,
영어로 글쓰기

≫ — 31 ──→

지금 내 생각을
말할 수 있는가?

"어떻게 하면 영어를 잘할 수 있나요?" 하고 누가 물어보면 나는 항상 되묻는다.

"영어를 잘하게 되면 무엇을 하고 싶나요?"

그러면 대부분의 사람들은 "여행 갔을 때 물건도 사고 외국인들과 이야기도 하고 싶어요"라고 말한다. 가게에서 물건을 사는 정도의 영어는 서점에 가서 해외여행 코너 서가에 가득 진열되어 있는 책들을 보면 된다. 영어로 물건을 구매하는 것은 생각처럼 그렇게 어렵지 않으며, 10분만 연습하면 해결되는 수준이다.

그러나 외국인과의 대화는 '여행영어' 정도로는 충분치 않다. 어디서 왔는지, 무엇을 하는 사람인지, 목적지가 어디인지를 묻고 답하면 이후에는 할 말이 별로 없다. 그 정도 대화는 딱 3분이면 끝난다. 상대와 가까워지는 것이 목적이라면 우리는 더 나은 수준의 영어를 구사할 필요가 있다.

여행영어책에 소개된 내용으로는 충분한 대화가 불가능하다. 안부를 묻거나 날씨 이야기만으로는 상대와 친해질 수 없기 때문이다. 우리말을 생각해보면 이해하기 쉽다. 우리가 친구와 대화할 때 날씨 이야기, 서로의 안부 이야기로 끝나는 경우가 있던가? 무엇보다 그렇게 해서는 재미가 없다. 다양한 상황에 대해서 나와 일면식도 없는 누군가가 만들어놓은 영어회화책에 이런 내용이 전부 있을 리가 없다.

유명 연예인들이 쓴 '쉬운 영어' 시리즈가 한때 유행한 적이 있다. 자기들도 쉽게 공부했으니 누구나 영어를 몇 개월 안에 유창하게 할 수 있다고 광고한다. 문법공부를 안 했던 자신도 영어를 이렇게 유창하게 하니 독자들도 자기처럼 문법공부 없이도 멋지게 영어를 구사할 수 있다고 한다. 그러나 그 책의 저자 빼고 그러한 방법으로 공부해서 영어를 유창하게 구사했다는 이야기를 나는 아직까지 들어본 적이 없다.

영어회화 수업의 문제

영어회화 실력을 따질 때 초급, 중급, 고급이 무슨 의미가 있을까? 이미 8세 이상이면 모국어로 웬만한 모든 상황에서 다 말로 할 수 있다. 우리나라의 8세 아이들이 얼마나 말을 조리 있게 잘하는지를 보라. 아이들이 그 정도인데 중학교 이상이면 이미 머릿속에는 모든 상황이 다 완성되어 있다고 볼 수 있다. 그런 상황에서 영어로 초급, 중급, 고급을 나누는 것은 큰 의미가 없다. 초급영어를 구사하는 사람은 그 나이와 관계없이 외국의 유치원 교재를 봐야 하고, 중급은 중학생 교재를 봐야 하며, 고급은 고등학생 교재를 봐야 할까?

우리의 영어회화 교육이 실패하는 것은 바로 그런 이유 때문이다. 영어 실력이 초급인 성인들이 초급 교재로, 그러니깐 유치원 아이들에게나 맞는 상황이 적힌 책으로 둘러앉아 공부하는 풍경을 종종 본다. 영어회화 학원의 분위기도 이와 크게 다르지 않을 것이다. 50분 수업에 8명 정도가 앉아서 한 명씩 돌아가면서 3분쯤 "How are you today?", "What did you do yesterday?"를 말하고 나면 벌써 30분이 지나가버린다.

영어회화에서는 딱 두 가지로만 분류하면 된다. 내가 원하는 만큼 소통이 되느냐, 안 되느냐.

내게 맞는 영어

사람들은 각자의 상황에 맞추어 각기 다른 수준의 모국어를 구사하면서 산다. 우리는 모국어로 자신의 느낌을 묘사하고, 의견을 제시하며, 토론에 참여한다. 여기서 모국어의 구사 수준은 각자의 몫이다. 책을 많이 읽은 사람은 어휘가 풍부할 것이고, 운동을 좋아하는 사람은 거기에 맞춰서 운동과 관련된 어휘를 많이 구사할 것이다. 공부를 좋아하는 학생은 나중에 교수가 되어 그 분야에 맞는 전문적인 단어를 습득할 것이고, 직장인이라면 자신의 업무에 해당하는 언어를 구사하면서 스스로의 전문성을 높일 것이다. 사람이 태어나 자라면서 익힌 언어는 각자가 살아가는 데 있어서 유용한 '도구'로 기능하게 된다. 영어도 마찬가지다. 재차 언급하지만, 영어도 모국어와 똑같은 기능을 하는 도구이다. 자주 접하고 쓰면 내게 적합한 언어로 발전하게 된다.

그렇다면 나의 인생에는 어느 정도의 영어가 필요할까? 원어민처럼 완벽하게 영어를 구사할 필요가 있을까? 사실 그럴 필요는 없다. 나의 삶에 필요한 정도, 나의 이야기를 남에게 완벽하지는 않지만 전달할 수 있는 정도의 수준이면 된다. 내가 하는 업무에서 큰 지장이 없을 정도의 수준이면 된다. 지금 내가 구사할 수 있는 수준보다 약간 더 나은 수준으로 영어를 말할 수 있는 것을 목표로 삼아보자. 텔레비전에 나오는 연예인처럼 혹은 원어민처럼 "쌀라

솰라"할 필요가 없다. 그 정도 영어는 굳이 할 필요가 없다. 다시 처음 질문으로 돌아가자.

"영어를 잘하게 되면 무엇을 하고 싶나요?"

누구나 자신의 이야기를 남에게 들려주고 싶어 한다. 나의 이야기를 전달하면서 다른 문화의 그들과 소통하고 싶어 한다. 영어를 통해서 그들과 좀 더 자유롭게 대화하면서 재미를 느끼고 싶어 한다. 재미를 느끼면 누가 시키지 않아도 스스로 공부하게 된다. 그리고 그렇게 매일 영어를 꾸준히 쌓아가다 보면 내가 원했던 수준의 영어를 구사하게 되는 자신을 발견하게 된다. 완벽하지 않아도 내가 필요한 만큼, 내가 원하는 사람과 적절한 수준의 어휘로 소통을 할 수 있을 정도로 말할 수 있도록 딱 그만큼만 영어를 익혀보자. 목표가 그리 멀지 않을 것이다.

32

교수와 날라리는
거기서 거기

대학교 때 교수와 학생 모두 영어로만 수업하는 전공수업이 있었다. 글로벌 인재를 육성한다는 교육방침하에 대학이 경쟁력을 높이려는 시도였다. 교수님은 다소 부끄러워하시며 첫 수업 때 말씀하셨다. 당신의 영어가 그렇게 좋지 않으니 이해해달라고. 그리고 아주 쉬운 영어로 더듬더듬 강의를 이어나가셨다. 미국 대학에서 박사학위까지 받으신 교수님의 영어회화 실력이 저 정도라니, 처음에는 나도 어리둥절했다. 토종식 발음은 둘째치고, 교수님의 입에서 영어가 자연스럽게 나오지 않았다. 오히려 수업시간에 과제를 발표하는 몇몇 학생들의 영어가 훨씬 더 유창했다. 아니, 솔직히 말하자면, 교수님의 영어는 그곳에 앉아 있는 대다수 학생들의 영어보다 부족했다.

리치 브라이언! 힙합 아시아!

요즘 동남아시아에서 세계적 뮤지션들이 많이 나오고 있다. 유엔의 조사에 따르면 지난 2017년 6억 4,878만 명을 기록한 동남아 전체 인구의 중위연령이 28.8세라고 한다. 이는 전체 인구의 절반이 28.8세 미만이라는 뜻이기도 하다. 젊은 그들은 어릴 때부터 인터넷과 유튜브를 능숙하게 사용하면서 성장했다. 그리고 그 안에서 보고 듣고 배운 것들이 곧 그들의 정체성으로 내면화되기 시작했다. 자신들의 전통문화보다 인터넷 세상에서 배운 글로벌 트랜드가 그들에게 더 친숙했다.

동남아시아의 유명 뮤지션 중 리치 브라이언Rich Brian이라는 가수가 있다. 그는 동남아시아 힙합의 대표적 아티스트로, 리치 치가 Rich Chigga라는 이름으로 데뷔했으나 '치가'라는 단어가 흑인에게 모욕적일 수 있음을 지적받은 후 '리치 브라이언'으로 개명했다. 2016년 초 그가 공개한 <Dat $tick> 뮤직비디오는 전 세계적으로 엄청난 반향을 일으켰고, 그는 일약 슈퍼스타가 됐다. 이 영상의 유튜브 조회수는 현재 1억 9,000만 회가 넘는다.

리치 브라이언은 한 인터뷰에서 아침에 눈을 뜨면 하루 종일 인터넷과 함께 생활했다고 말한 바 있다. 인터넷을 통해서 힙합도 독학으로 익혔다. 인터뷰에 따르면, 그는 자신의 성공에서 빠질 수 없는 '영어' 역시 인터넷으로 배웠다고 한다. 그리고 그 영어 덕분에 자신의 이름을 전 세계적으로 알릴 수 있게 되었다. 영어가 바로 그의 성공에서 빠질 수 없는 무기가 되어준 셈이다.

리치 브라이언은 미국에 가본 적 없는 인도네시아 토박이임에도 미국인들이 보기에도 완벽한 영어를 구사한다. 인도네시아에서 그는 정규교육을 제대로 받은 적이 없다. 홈스쿨링으로 2년 정도, 그것도 부모님이 내주신 숙제 정도만 겨우 했을 정도다. 그러나 그는 영어를 익히면 좀 더 자유롭게 자신을 표현할 수 있을 거라는 생각으로 유튜브로 영어를 배우기 시작했다고 한다. 그는 유튜브로 미국방송을 보면서 맥도날드 햄버거를 먹고 있으면 마치 자신이 미국에 있는 듯한 느낌이 들었다고 한다. 그런 그에게 어학연수는 딱히 필요가 없었다. 리치 브라이언의 인터뷰 영상에는 많은 미국인들의 댓글이 달려 있다.

"이 친구는 미국에서 살고 있는 나보다 영어를 더 잘해
(Even though I live in the US, he speaks better than me)!"

인도네시아보다 인터넷 환경이 훨씬 더 좋은 우리나라 사람들이 영어를 못할 이유는 없다. 앞서 언급한 대학 수업에서처럼 공부를 오래하고 외국에서 살아야만 영어회화 실력이 느는 것은 아니다. 리치 브라이언은 학력이 부족해도, 외국에서 살지 않아도 충분히 영어를 잘할 수 있음을 보여주었다. 방법만 제대로 알면 우리도 유창하게 영어를 말할 수 있다!

생각의 흐름을 기억하자

영어로 말한다는 것은 말하자면 생각의 흐름을 따라가는 것이다. 앞서 언급했듯이, 주어와 동사와 목적어로 문장을 만들고 그것을 일단 익숙하게 쓸 수 있도록 반복해야 한다. 영어회화책은 영어로 말하기를 처음 시작할 때 어느 정도 도움이 될 수는 있다. 그러나 원어민이 쓰는 표현이라는 명목하에 100여 개의 문장을 쭉 나열해서 외우는 것은 큰 의미가 없다. 다양한 상황, 예기치 못한 상황에서 영어를 자연스럽게 뱉어야지 진짜 영어 말하기라고 할 수 있기 때문이다. 예를 들어보자. "How are you?" 대신에 "How is it going?"이라고 누군가가 물어볼 수 있다. 그때 "I'm fine" 대신 "Not bad"라고 말할 수 있어야 한다. 나의 기분이 항상 좋을 리가 없다. 시중에 나와 있는 대부분의 영어회화 교재의 대화 내용을 보면 상대방이 할 말을 미리 알고 있는 듯 마치 각본처럼 짜여 있다. 상대방이 무슨 말을 할지를 이미 아는데 굳이 힘들게 대화를 나눌 필요가 있을까?

가끔 학생들에게 영어회화 교재의 대화 부분을 옆 사람에게 말해보도록 시켜보면 어색하기가 그지없다. 성인들도 학교 영어수업 시간에 경험해보았을 것이다.

그러면 어떻게 해야 회화 능력을 향상시킬 수 있을까? 답은 간단하다. 책에 있는 남들의 이야기가 아니라 나의 이야기를 하면 된다. 나의 이야기를 직접 만들어야 한다. 내가 만든 나의 일상생활 이야기를 영어문장으로 미리 만들어놓고 반복해서 말하며 익숙해져야 한다. "I get up at 7:00", "I'm not feeling good", "I have to take a bus" 등과 같은 생활언어들을 영어로 먼저 숙달시켜야 한다. 오늘 무엇을 했는지, 어제 기분이 어땠는지 등 단순하지만 자신의 일상을 영어로 설명할 수 있어야 한다. 문장이 잘 만들어지지 않으면 책에 있는 비슷한 표현들을 참고해서 익히는 것도 좋다.

너의 이야기를 해봐!

영어 말하기를 자신 있게 못 하는 이유는 우리의 생활을, 우리의 이야기를 한 번도 영어문장으로 만들어본 적이 없기 때문이다. 맞지 않는 큰 옷을 입으면 어정쩡해 보이는 것처럼 우리는 영어회화 책에 나오는 다른 사람의 이야기를 빌려서 계속 어정쩡하게 영어를 익혀왔다. 어정쩡한 문장을 상대방에게 뱉어내고 혹시 내가 말한 영어가 틀린 것이 아닌지 걱정했다.

　내가 고민하여 스스로 만든 문장은 돌발적인 상황에서도 자신감 있게 응용할 수 있다. 그리고 머릿속에서 쉽게 잊히지도 않는다. 그러니 영어의 기본 문장구조를 익힐 겸 어휘를 활용해서 짧고 간결한 나만의 문장을 다양하게 만들어보자. 그리고 문장을 만들었으면 혼잣말로 연습을 해보자.

"I get up at 6 in the morning(나는 오전 여섯 시에 일어나)."

"I turn on the TV(나는 TV를 켜)."

"I sip the coffee while checking the E-mail(나는 이메일을 확인하면서 커피를 마셔)."

"It's so boring to study English(영어공부가 지루해)."

　나의 일과를 계속 영어로 혼잣말해보는 것이다. 자신이 만든 표현을 나중에 적절하게 써먹으려면 반복해서 입으로 뱉으면서 실전 감각을 익히는 것이 무엇보다 중요하다. 이 실전 감각은 책을 많이 읽고 강의를 많이 듣는다고 해서 느는 것이 절대 아니다. 실제로 말로 뱉고 연습하는 것이 중요하다.

　내가 원하는 시간에 내가 원하는 강도로 반복을 할 수 있는 방법으로 혼잣말만큼 좋은 것이 없다. 옆 사람 눈치 보지 않아서 좋고, 나의 스케줄에 가장 이상적이다. 계속 중얼거리면 이상하게 보일 수도 있겠지만, 뭐 어떤가. 공부에 눈치를 볼 필요는 없다. 계속 입으로 말을 하다 보면 신기하게 원어민의 말도 훨씬 더 잘 들리는 경험을 하게 된다. 자신감이 생기는 것은 물론이다.

33

리듬에 맞춰
회화로 춤을 춰라

외국에 간 한 남학생이 슈퍼마켓에 가서 우유를 사려고 했다. 한
국에서 열심히 영어를 공부했던 그는 우유가 어디 있는지 알고 있
었지만 왠지 영어로 말해보고 싶었다. 그는 점원에게 자신 있게
물어보았다. "Where is the milk?" 점원이 못 알아듣고 고개를 갸
우뚱거렸다. 그는 좀 더 혀를 굴려 "밀크"라고 발음했다. 그래도
못 알아들은 점원과 남학생은 한참 실랑이를 벌였고, 점원은 연신
"Excuse me"라고 말했다. 그리고 마침내 점원이 알아들었는지 이
렇게 강세를 넣어 말했다. "아~! 밀ㅋ!"

우리나라의 많은 영어학습자들이 문법이나 철자를 틀리는 것에 대해서 기겁을 한다. 발음도 많이 연습해서 [l]과 [r] 발음도 잘 구별한다. 그러나 강세와 억양에 관해서는 신경을 크게 안 쓴다. 우리말이 억양이나 강세가 발달한 언어가 아니기 때문일 것이다. 학교 선생님조차 영어를 공부하면서 억양에 대해서 신경 쓰지 않았기에 제대로 훈련되어 있지 않은 경우가 많다.

아이들이 말을 배울 때 "엄마", "맘마", "지지" 등 두 음절의 단어는 쉽게 배우지만 "호랑이", "선생님"처럼 세 음절의 단어는 배우는 데 시간이 걸린다고 한다. 아이들은 "**호랭**" "**선생**"이라고 발음한다. 우리말은 강세가 없는 언어라 그 단어의 첫 음절과 둘째 음절로 발음하는 것이다. 그러나 영어는 강세가 있어서 영어를 모국어로 쓰는 아이는 강세가 있는 음절부터 발음한다. "플라워flower" 같은 경우에는 1음절에 강세가 있어서 혀가 짧은 외국아이들은 "**플**fl"이라고 발음하고, "스쿨school"은 "**쿨**kool"이라고 발음한다. "쿨"에 강세가 있어서 그렇다. 바나나banana는 둘째 음절에 강세가 있어서 "**나나**"라고 발음한다. 이렇게 모국어에서 강세가 있을 때와 없을 때 발음에 큰 차이를 보인다.

엄마~ 나나 줘!

우리말은 단어의 음절에 강세를 어떻게 넣어야 할지를 고민할 필요가 없다. 그러나 영어는 다르다. 강세를 잘못 넣으면 완전히 다른 뜻이 되기도 한다.

'Increase'가 동사일 때는 두 번째 음절에 강세가 있고([ɪnˈkriːs]) '증가하다'라는 뜻이다. 그러나 첫 번째 음절에 강세가 들어갈 경우([ˈɪn·kriːs]) '증가, 증대'라는 뜻의 명사가 된다. object의 경우에는 첫 음절에 강세가 있을 때([ˈɑb·dʒɪkt])는 '물건, 목적'이 되나, 뒤에 강세가 있으면([əbˈdʒekt]) '반대하다'라는 뜻을 갖는다. 강세뿐만 아니라 같은 단어도 다르게 발음하는 경우가 있는데, bow를 바우([baʊ])로 발음하면 '허리를 굽히다'란 의미가 되고, 보우[bóu]로 발음하면 '활'이라는 의미가 된다.

문장에 리듬을 주면서

영어문장을 듣다 보면 어떤 단어는 크고 확실하게 들리지만 어떤 단어는 약하고 흐릿하게 넘어간다는 것을 알 수 있다. 비교적 크고 또렷하게 들리는 단어는 명사, 동사, 형용사, 부사, 지시사, 의문사 등이고, 이를 '내용어content words'라고 말한다. 약하게 들리는 단어는 주로 전치사, 관사, 접속사, 조동사다. 이를 '기능어function words'라고 한다. 내용어는 문장을 말할 때 강세를 받는 대상이 되지만, 기능어는 말하는 사람의 특별한 의도가 있는 경우를 제외하고는 강세를 받지 않아서 약하게 발음한다.

한 단어 안에도 강세가 있지만, 문장에도 강세가 있다. 마치 노래처럼 리듬감이 있는 것이다. 약하게 발음되는 부분은 자주 축약되어 들린다. 'and' 같은 경우는 거의 '앤' 정도로 마무리가 되고, 'can't'는 아예 '캔(강하게)' 정도로 끝이 난다.

That would be a **good idea**. [덧 어 비 어 **굳 아이디어**]

It's your **life**. [이처 여 **라입**]

I will **try** the shirt and **buy** it. [아일 **츠라**이더 셛 언 **바잇**]

He **went** to the store. [히 **웬** 투 더 **스토어**]

I **don't feel** at ease here. [아이 **던 필**렛 이즈 혀]

강하게 발음되는 내용어도 그 단어 안에 강세가 있어서 듣기가 까다롭지만, 기능어는 강세가 없고 흘려 말하기 때문에 듣기에 아주 까다롭다. 글로 볼 때는 분명 눈에 보이는 단어지만 소리로는 안 들리니 영어를 배우는 입장에서 힘들 수밖에 없다.

이를 위해서는 영어 받아쓰기Dictation가 효과적이다. 개별 음소를 구분하고, 어구를 의미 단위인 청크chunk별로 구별하면서 문장을 한 번에 듣도록 훈련을 하는 것이 좋다. 받아쓰기를 하면서 어떤 발음을 잘 구분하지 못하는지, 연음이나 축약된 소리, 강세와 리듬을 파악하면서 들어보자. 훈련 방법은 다음과 같다.

1. 영어를 듣는다.
2. 문장을 받아쓰기 한다.
3. 대본script을 보면서 내가 잘 못 듣는 부분을 확인하면서 반복해서 듣는다.
4. 원어민과 같은 속도와 발음으로 읽기를 훈련한다.

그리고 기회가 있을 때마다 영어로 문장 연습을 해보면 좋다. 처음부터 원어민과 긴 대화를 하겠다는 목표를 버리고, 그저 몇 개의 단어를 사용해 친구나 부모님에게 말해보는 것이다. 모두가 알고 있는 가장 기본적인 문장부터 만들어서 사용해보자. 기본 문장들을 확실하게 알면 영어에 자신감을 붙을 것이다.

영어로 말하기, 영어로 글쓰기

34

영어공부에 좋은
매체들

① 아리랑 TV

외국어(영어)로 한국문화 홍보를 주로 하는 국제방송교류재단 소속 종합편성 채널이다. 해외에 대한민국이라는 나라와 문화를 알리기 위한 목적으로 만들어졌으며, 제한적으로 한국어가 방송되긴 하지만 거의 모든 방송이 영어로 진행된다. 많은 사람들이 영어공부를 위해서 CNN, BBC 등 외국 뉴스채널을 추천하지만, 사실 그런 채널들은 우리나라 이야기를 다루지 않기 때문에 집중하기가 힘들다. 방송에서 다루는 내용이 주로 그 나라(미국, 영국)의 사건, 사고에 대한 것이기 때문에 크게 와닿지 않는다. 그 나라에 대한 배경지식도 부족하고, 영어도 잘 안 들리므로 10분을 계속해서 듣기가 힘들 것이다. 그런 면에서 아리랑 TV는 말하는 속도가 빠르지 않고, 우리에게 익숙한 국내 이슈들을 주로 다루어서 학습자가 집중해서 듣기가 좋다. 그리고 같은 한국 뉴스를 영어로는 어떻게 방영하는지를 확인하면서 영어식 사고를 이해하는 데 도움이 된다. 인터넷으로 방송을 볼 때는 한국어와 영어 자막을 둘 다 이용할 수 있다.

② 롱맨 사전(www.ldoceonline.com)

롱맨longman Dictionary은 예문이 많다. 그리고 예문을 2,000~3,000개의 기본 어휘 내에서 설명하기 때문에 깔끔하다. 찾고자 하는 단어가 적절하게 사용된 예문을 많이 제공해서 그 단어의 쓰임에 대해서 이해하기 쉽다. 단어와 예문의 정확한 발음도 제공한다. 'word family'를 밝히고 유의어를 따로 정리해둔 점도 학습자에게 도움이 된다. 무엇보다 롱맨의 가장 큰 장점은 비원어민을 배려해서 문법적으로 친절하게 설명을 해준다는 점이다. 문법을 어떻게 쓰면 옳고 어떻게 쓰면 틀리는지 예문을 통해서 자세히 설명해준다. 영어공부를 위한 수험용 사전으로 이용하면 좋을 것이다.

③ 라이브 아카데미

영어학습자 사이에서 인기있는 유튜브 채널로 라이브 아카데미 Live Academy가 있다. 이 채널의 현재 구독자는 83만 명, 누적 조회수가 7,700만에 이른다. 유튜브 영어채널 중에서도 성장세가 빠른 편이다. 이 채널을 운영하는 유튜버는 빨간 야구모자를 쓰고 방송을 진행한다. 그래서 "빨간모자 샘", 줄여서 "빨모샘"으로 통한다. 빨모샘은 문법 설명을 아주 쉽게 해주고, 미국에서 살았던 경험과 일상 영어의 올바른 표현, 그리고 한국인들이 어려워하는 조동사와 전치사의 올바른 사용 등 교과서에 없는 부분까지 설명해준다. 그는 학습자 스스로가 목표를 정하고 장기적으로 꾸준히 노력해야 한다고 말하면서 시간을 들여야만 영어가 향상된다는 점을 방송마다 강조한다. 영어를 익히는 데 빠르고 편한 방법은 없다, 영어 실력이 돈으로는 해결되지 않는다고도 말한다. 조금씩이라도 꾸준히 그리고 매일 노력하는 것! 그가 영어학습자에게 가장 강조하는 부분이다.

④ Rachel's English

현지인인 레이철이 발음을 정확하게 알려주는 채널이다. 사실 이 채널을 보고 있으면 '어학연수만을 위해서 굳이 미국에 갈 필요가 없겠다'는 생각까지 든다. 그녀는 영어가 모국어가 아닌 사람들에게 영어의 정확한 발음을 알려준다. 입모양, 혀의 위치, 억양도 알려주면서 발음을 교정할 수 있게 해준다. 모든 영상들이 다 영어로 되어 있지만, 쉽고 천천히 설명해주기 때문에 중학교 정도 수준의 영어듣기평가를 이해할 정도면 무리 없이 시청할 수 있다. 장모음과 단모음, 이중모음, 그리고 자음의 무성음, 유성음을 배우기에 아주 좋다. 특히 한국어에 없는 [ð], [ʒ] 등과 같은 소리를 정확하게 발음하는 방법을 가르쳐준다.

⑤ TED

웹사이트 테드TED의 스마트폰 앱 버전을 추천한다. 테드의 모토는 "Ideas worth spreading"이다. 즉, 알릴 가치가 있는 아이디어를 널리 보급하는 것이 목적이다. 이 모토를 바탕으로 테드에서는 각 분야의 전문가들이 이해하기 쉬운 방식으로 다양한 분야, 다양한 주제의 강연을 한다. 강연은 최대 18분 내외로, 최신 연구와 흥미로운 사실을 배울 수 있다. 그리고 일반 대중을 대상으로 강연이 진행하기 때문에 연설자의 말의 속도가 빠르지 않고, 사용되는 어휘도 어렵지 않다. 방송을 시청하면서 재생 속도를 조절할 수도 있고, 자막을 끄거나 켜서 볼 수도 있다. 유튜브와 달리 한글자막, 영문자막을 동시에 켜서 시청할 수 있다.

테드의 또 다른 장점으로는 관심 주제와 관련된 지식을 테드를 통해서 계속 확장시킬 수 있다는 점이다. 책을 쓴 작가의 목소리를 직접 들으면서 관련 분야의 이해도를 높일 수 있다. 그리고 전문가들의 다양한 목소리를 들을 수 있다. 시청하고 있는 강연의 스크립트script 또한 확인 가능하다. 내 실력을 바탕으로 적절한 부분을 반복해서 시청할 수 있고, 강연을 들으면서 쉐도잉shadowing 연습에도 좋다.

35

영어책 한 권
베껴 쓰기

『노인과 바다』의 작가 어니스트 헤밍웨이는 작품을 쓰는 데보다 퇴고를 하는 데 대부분의 시간을 썼다고 한다. 그는 또 다른 그의 대표작 『무기여 잘 있거라』의 마지막 페이지를 무려 39번의 수정 끝에 마무리지었다고 한다. 베르나르 베르베르의 첫 작품인 『개미』는 완성까지 12년이 걸렸다. 오스카 와일드는 시 한 편에서 콤마 하나를 넣을지 말지 하루 종일 넣고 빼면서 고민을 했다고 한다. 이처럼 작가는 단어 하나를 고르는 데, 문장 하나를 만드는 데 엄청난 시간과 노력을 쏟는다. 작가들이 고심하면서 쓴 문장으로 공부하는 것만큼 이상적인 학습은 없을 것이다.

외국어는 모방과 관찰로 다듬어질 수 있다. 조사의 쓰임이 많은 한국어와 다르게 영어는 전치사, 정관사가 있고, 문단을 구성할 때도 귀납적인 형태보다는 연역적인 문단이 많다.

주변에 피아노를 잘 치는 사람, 노래를 잘 부르는 사람, 요리를 잘 하는 사람, 춤을 잘 추는 사람을 떠올려보자. 그들은 많은 시간을 기꺼이 자신의 실력을 향상시키는 데에 쏟았을 것이다. 무엇이든 잘하려면 일단 영어를 많이 접해야 한다. 영어도 마찬가지다. 많이 접해야 영어를 잘할 수 있다.

영어문장을 베껴 쓰는 것은 종합적인 운동과 같다. 인풋과 아웃풋이 하나의 메커니즘으로 작동한다. 영어문장을 베껴 쓰다 보면 문장을 머릿속에서 읽고(인풋), 손으로 쓰며(아웃풋) 훈련할 수 있다. 글을 주의해서 쓰다 보면 영어문장에 대한 감을 기를 수 있고, 문법의 활용에 대해서도 익힐 수 있다. 그리고 무엇보다 글의 전체적인 구성을 생각하면서 영어문장이 머릿속에서 정리된다.

한 줄씩, 한 단락씩 천천히 문장을 베껴 쓰다 보면 눈으로 그냥 읽을 때 보이지 않던 것들이 확연하게 보인다. 단어의 철자, 문장 속에 들어 있는지도 미처 몰랐던 부호들, 영어숙어 표현들의 쓰임이 눈에 하나씩 보이게 된다. '베껴 쓰기'는 말 그대로 글이나 문장을 옮겨 쓰는 작업이다. 글이나 문장을 옮겨 쓰려면 문장을 대충 읽어서는 안 된다. 어디서 끊어 읽고, 어디서 내용이 마무리되는지 신경을 쓰면서 노트에 옮겨 쓰게 된다.

베껴 쓰는 양이 많아지면서 조만간 자연스러운 영어식 사고 흐름을 경험하게 될 것이다. 눈으로 읽고 동시에 손으로 쓰는 동안, 한글로 한 문장씩 주어, 동사, 목적어, 보어를 왔다갔다 해석하는 것이 아닌 자연스럽게 영어식으로 쭉 읽어나가면서 쓰게 된다. 그리고 우리와 어순이 다른 영어 문장에 익숙해지면서 자연스레 어순감각을 익히게 된다.

"미국 초등학생용 영어사전을 보면 idea는 'a picture in the mind'고 imagination은 'the power to make pictures in the mind'입니다. 이렇게 단어에 대한 쉬운 설명을 지속적으로 접하고 동화책이든 에세이든 영어 스토리를 베껴 적다 보면 1~2년 뒤에는 말하고픈 영어를 쉽게 머릿속으로 떠올릴 수 있습니다. 필사즉통筆寫即通(베껴 쓰면 영어에 통달할 수 있다), 적자생존(적으면 영어에서 살아남을 수 있다)입니다. 농담처럼 들리지만 누구든 이런 작업을 꾸준히 하면 영어를 능숙하게 할 수 있습니다. 정말 영어를 잘하고 싶다면 해보세요, 하루 한 페이지씩만 하면 됩니다."

우리나라 영화 번역의 일인자인 이미도 선생의 말이다. 그는 원어민 초등학교의 영영사전을 구해서 필사하는 방법을 추천했다. 독학으로 영어와 스페인어가 능숙해졌으며 미군 부대에서 통역병으로 근무했던 아버지를 통해서 배운 학습법이라고 한다.

수준에 맞는 책 고르기

자기에게 맞는 책을 베껴 쓰면 된다. 예를 들어 초등학교 저학년이라면 책에 그림이 많고 짧은 문장이 좋다. 여기서 부모님이 글씨나 오타에 대해서 지적하지 않는 것이 중요하다. 얼마나 많이 베껴 썼는지가 아니라 한 문장을 쓰더라도 체화의 과정을 거치는 것이 더 중요하기 때문이다. 영어가 일정 수준 이상인 중고등학생인 경우에는 교과서를 베껴 쓰면서 공부하는 것이 좋다. 내신을 위한 시험과 영어 실력 두 마리 토끼를 잡을 수 있다. 교재에 나와 있는 문법 부분과 내용을 자연스럽게 습득할 수 있다. 일반인인 경우에는 자기가 좋아하는 작가의 작품이나 목적에 맞는 글을 베껴 쓰면 된다. 예를 들면 영어 프레젠테이션을 준비하는 사람은 프레젠테이션 문장을 베껴 쓰면서 감을 익힐 수 있고, 토익을 준비하는 사람은 토익 지문을 베껴 쓰는 것이 도움이 된다.

영어 베껴 쓰기를 꾸준히 하면 글을 잘 쓰는 것은 물론이고 잘 읽는 자신을 발견하게 될 것이다. 영어문장 속 단어의 함축적인 의미를 고민하면서 자연스레 어휘력이 향상되고, 작가를 통해서 삶과 세상을 바라보는 관점에 대해서도 배우게 된다. 영어식으로 세상을 묘사한 문장을 보면서 흔하고 익숙한 것이 때론 낯설게 보이는 경험을 하기도 한다.

36

글쓰기를 통해
콘텐츠를 만드는 사람으로

하버드 대학교의 로빈 위드 박사가 1977년 이후 하버드를 졸업해 40대에 접어든 졸업생 1,600명을 대상으로 설문을 한 결과, "현재 당신의 일에서 가장 중요한 것이 무엇인가?"라는 질문에 90퍼센트 이상이 '글을 잘 쓰는 기술'이라고 답했다고 한다. 그리고 "앞으로 많은 노력을 기울여야 할 것은?"이라는 질문에는 '글을 잘 쓰기 위한 노력'이라는 답변이 기타 응답들의 3배 이상을 차지했다. 그들은 학교 다닐 때 혹독하게 글쓰기를 배우지 못했더라면 큰일 날 뻔했음을 고백하고, 졸업 후 진로와는 상관없이 지금보다도 글을 잘 쓰기를 희망했다.

이공계 명문인 매사추세츠공대MIT 졸업생들도 비슷했다. MIT '글쓰기와 의사소통센터'의 스티븐 스트랑 소장은 한 인터뷰에서 MIT가 글쓰기 교육을 강화했던 계기가 졸업생들의 건의 때문이었다고 말한다.

> "1980년 무렵에 졸업생들에게 글쓰기를 필수과목으로 지정하라는 건의를 많이 받았다. 사회에서 생존하는 데 글쓰기가 꼭 필요하다는 게 그 이유였다. 졸업생 대부분 기술자와 과학자인 그들은 업무에서 35퍼센트 이상이 글쓰기와 관련 있다고 말했다. 그래서 MIT는 유능한 사회인을 배출하려면 글쓰기를 필수과목으로 지정해야 하고. 전문적인 글쓰기 센터를 설립해야 한다고 판단했다."

졸업생들의 강력한 건의 덕분에 MIT의 '글쓰기 센터Writing Center'가 탄생했다.

대부분 기술·과학계로 진출하는 이들이 왜 이런 건의를 한 걸까? 막상 사회에 나가 보니 현장업무의 50퍼센트 이상이 글쓰기와 관련돼 있다는 것을 깨달았기 때문이다.

혹독한 글쓰기

이들 학교뿐만 아니라 현재는 미국의 거의 모든 대학들이 '글쓰기 센터'를 통해서 체계적인 교육을 학생들에게 제공하고 있다. 하버드에선 학생 전원이 글쓰기 수업을 의무적으로 들어야 한다. 학부와 대학원생을 위한 프로그램도 단계별로 세분화되어 있다. 1대 1 첨삭교육도 철저하게 진행된다. 교수는 학생들에게 글쓰기 테크닉만 가르치는 것이 아니라 사고의 전개 과정을 학생 스스로 체득하도록 이끈다. 글쓰기 프로그램의 전담 교수진은 보통 30~40명이다. 시인, 소설가뿐만 아니라 에세이 작가, 전기 작가, 역사가, 과학자 등 전문 분야도 다양하게 포진되어 있다. 과학저널리즘에서 SF소설까지도 다룬다. 코페르니쿠스, 갈릴레이, 뉴턴, 다윈 등 위대한 과학자들도 사실 모두 위대한 작가였다.

미국만 그런 게 아니다. 유럽에선 중고교 때부터 에세이 쓰기에 많은 시간을 할애한다. 한국에 교환교수로 왔던 독일의 어느 대학 학장은 "운전면허시험 빼고는 모든 게 글쓰기 시험"이라며 "특히 이공계는 승진할수록 문장 표현력이 중요하기 때문에 글쓰기 교육을 더 한다"라고 말했다. 괴테는 "사랑하는 여동생에게 짧은 편지를 쓰려 했는데 시간이 없어서 긴 편지를 쓰게 됐다"라고 고백했다. 간결한 글이 좋지만, 그만큼 노력이 필요하다는 의미다.

글을 잘 쓰려면 시간과 노력이 필요하다

서울대도 2000년 초부터 '글쓰기 능력 평가'를 도입했고, 현재 고려대와 연세대, 이화여대 등 여러 대학들도 글쓰기 프로그램의 수준을 올리고 있다. 이렇듯 글쓰기를 강조하는 이유는 이를 통해 깊은 사고를 할 수 있고, 깊이 사고하는 인재가 많을수록 사회가 발전하고 국가 경쟁력도 강해진다는 믿음을 갖고 있기 때문이다. 아쉬운 점은 우리나라의 경우 글쓰기 교육이 초중고등학교에서는 제대로 이루어지지 않고 있다는 것이다.

많은 사람들이 페이스북이며 카카오톡, 인스타그램, 블로그 등에 글을 쓴다. 그러나 스스로 글을 잘 쓴다고 자신 있게 말하는 사람은 드물다. 좋은 글을 읽었다라고 말하는 사람도 드물다. 덴마크의 인터넷 전문가인 제이컵 닐슨Jakob Nielsen은 90:9:1의 법칙을 만들었다. "인터넷 이용자의 90퍼센트는 관망하며, 9퍼센트는 재전송이나 댓글로 확산에 기여하고, 1퍼센트만이 콘텐츠를 창출한다는" 법칙이다. 영향력 있는 소수의 의견이나 자료가 일방적으로 흐르는 현상을 가리킨다.

우리는 1퍼센트의 콘텐츠를 창출하는 사람이 되어야 한다. 양질의 콘텐츠를 만들 수 있는 사람을 기르는 교육환경이 일찍부터 조성되어야 한다.

영작을 시작해볼까?

글쓰기가 점점 중요해지는 지금, 이왕이면 영어로 글쓰기를 시작해보는 것은 어떨까? 영작을 하려면 당연히 영어로 된 글을 많이 읽어야 한다. 마음에 드는 문장을 따로 정리해서 통째로 외워보자. 그저 한 번 읽고 넘어가면 진정한 '내 것'이 되지 못한다. 영어로 쓸 수 있는 문장이 내 머릿속에 많이 들어 있으면 나중에 쓸 일이 생길 때 비슷한 문장으로 패러프레이징Paraphrasing이 가능해진다.

글을 쓰지 않으면 단순히 정보만을 머리에 집어넣게 된다. 글을 쓰면서 고민하고 남과 다른 의견을 말하는 과정에서 한 단계 성장하는 스스로를 발견할 수 있다. 한글뿐 아니라 영어로 글쓰기 연습을 많이 하면 나의 인생이 더 확장되는 경험을 하게 된다. 페이스북, 인스타그램에서 영어로 글을 써보는 것은 어떨까? 짧게 한두 문장을 영어로 쓰면 국내 이용자뿐 아니라 해외 이용자들의 관심도 끌 수 있다. 그리고 그로 인해 또 다른 인생의 기회가 열리는 경험을 하게 될 수도 있다.

철학자 베이컨은 말했다. "독서는 완전한 사람을, 토론은 준비된 사람을, 쓰기는 정밀한 사람을 만든다(Reading makes a full man; conference a ready man; and writing an exact man)"라고. '쓰기'야말로 독서와 토론, 성찰이라는 재료로 지은 창의력이 완성되는 집이다. 영어 글쓰기를 통해 세계와 소통하는 사람들이 많아지면 좋겠다.

7장

내 인생을 바꾼
영어

⇻— 37 —→
회화가
안 되는 이유

오랜만에 동창회를 나갔다. 한 친구의 얼굴이 낯이 익었다. 어린 시절 동네에서 함께 자랐던 친구였다. 그 친구와 이런저런 학창시절 이야기를 하는데 이상하게도 그 친구의 이름이 확실히 기억나지 않았다. 우리는 초등학교와 중학교를 매일 함께 다니며, 심지어 같은 반도 여러 번 했는데 친구의 이름이 떠오르지 않았다. 시간이 갈수록 초조해졌다. 그렇게 그 친구의 이름을 끝까지 기억해내지 못하고 어물쩍 대화를 이어나가다 집으로 돌아오는 길에 불현듯 떠올랐다. 나는 집으로 돌아오는 차 안에서 내가 얼마나 무심한 인간이고 머리가 안 좋은지 자책했다.

내가 그 친구의 이름을 기억하지 못했던 것은, 나중에 알았지만, 맥락이 달랐기 때문이었다. 내 기억 속의 그 친구는 학창시절에 함께 공부하고 함께 놀았던 친구였을 뿐, 나는 성인이 되어 교실 아닌 동창회 술자리에서 그를 마주한 적이 단 한 번도 없었다. 오래전 함께했던 교실에서 동창회를 했다면, 혹은 같이 살던 동네 근처에서 그와 술자리를 가졌으면 친구의 이름을 떠올리기가 훨씬 쉬웠을 것이다. 이렇듯 우리 뇌는 적절한 단서가 없으면 쉽게 떠올리지 못한다.

컴퓨터의 하드디스크 안에 있는 모든 항목들은 고유한 위치 또는 주소를 가지고 있다. 이런 체계에서 특정 정보를 인출하려면 그냥 해당 주소를 찾아가면 된다. 그리고 입력만 하면 그 정보는 지우지 않는 한 그대로 남아 있다. 만일 하드디스크 안의 파일의 이름을 바꾸면, 예를 들어 '김기영'를 '이기영'로 바꾼다면 더이상 그 파일은 '김기영'으로 찾아지지 않는다. 컴퓨터는 이름을 보고 헷갈려하지 않는다. 그러나 우리 인간의 뇌는 다르다. 어렵게 '기영'이라는 이름을 떠올렸다 해도 김기영인지 이기영인지 자주 헷갈리고, '김기영'이라고 확실히 머릿속에 입력했어도 시간이 지나면 기억이 점점 희미해진다. 만약 우리가 컴퓨터와 같은 방식으로 기억을 한다면 매우 유용할 것이다. 한번 입력해놓으면 적어도 그가 김기영인지, 이기영인지 고민하지 않을 테니까.

무엇이 머릿속에서 가장 쉽게 떠오르는가는 맥락에 따라 좌우된다. 우리의 뇌는 맥락을 통해서 떠올린다. 운동장에서 축구를 할 때 축구와 관련된 것을 더 잘 기억해내고, 부엌에 있을 때는 요리에 관련된 것을 더 잘 기억해내는 경향이 있다.

맥락기억

영어회화가 잘 안 되는 이유는 책상에 앉아 외웠던 단어들을 실생활의 다양한 상황에서 써본 적도, 떠올려 본 적도 없기 때문이다. 문법도 잘 알고 있고 시험의 문법문제에서 틀린 부분도 빨리 확인할 수 있지만, 막상 실제 상황에서 말을 하려면 제대로 된 문장이 나오지 않는다. 그것은 훈련의 문제도 분명 있지만, 책상이나 교실에서 배운 영어를 실제 상황에서 써본 적이 없기 때문이다. 맥락이 다르기 때문이다. 그래서 외국어를 배울 때 그 언어를 사용하는 나라에서 직접 배우면 효과가 확실히 좋다. 한국인이 외국에서 오래 살았어도 다시 귀국해 한국에서 오래 살게 되면 외국어가 점점 퇴화되는 것도 같은 이유 때문이다. 언어를 쓰는 맥락이 다르기 때문에 영어가 잘 나오지 않는다.

그러면 어떻게 회화 실력을 키울 수 있을까? 일단 공부한 단어를 가능한 한 자주 실생활에서 써봐야 한다. 학원에서도 좋고, 영어

스터디도 좋다. 영화 속 다양한 상황을 접하면서 맥락에 대한 이해를 키우는 것도 도움이 된다. 우리나라는 영어를 일상생활에서 사용하지 않는 환경이기 때문에 늘 영어를 사용하는 국가와는 다르게 의식적인 노력이 필요하다. 공짜로 얻어지는 것은 없다.

→ 38 →

영어로
새로운 세상을 만나다

영어공부를 하면 세상이 넓어지는 경험을 하게 된다. 우리나라는 인터넷이 잘 보급되어 있고, 쇼핑도 인터넷으로 편하게 한다. 요즘 네이버나 카카오가 제공하는 서비스를 보면 놀랍다. 그러나 내가 원하는 모든 것을 국내 인터넷 사이트에서만 구입할 수는 없을 것이다. 영어를 조금만 할 줄 알아도, 그리고 약간의 용기만 내면 얼마든지 해외 사이트에서 좋은 가격으로 물건을 구매할 수 있다. 나는 아마존과 이베이를 자주 이용한다.

나는 스티브 잡스를 좋아한다. 스마트폰, 태블릿, 컴퓨터 모두 애

[《타임》지에 실린 스티브 잡스]

플 제품이다. 지금 이 글도 맥북으로 쓰고 있다. 내가 애플을 좋아
하는 몇 가지 이유가 있다. 우선 애플은 사용자 친화적User friendly이
다. 사용자에게 특별한 경험을 제공하기 위해 끊임없이 노력한다.
또한 나는 이 브랜드가 가지고 있는 고유한 이야기를 좋아한다. 그
리고 그 이야기의 중심에 창업자 스티브 잡스가 있다.

　위 사진은 1984년에 캘리포니아 우드사이드에 있는 스티브 잡스
의 집 마루에서 촬영된 것으로, 2011년 잡스가 사망했을 때《타임》
지의 커버 사진으로 사용되었다. 당시 30세의 스티브 잡스는 그의
트레이드마크인 블랙 풀오버와 청바지를 입고, 깔끔한 화이트 다

이얼 버전의 '세이코 쿼츠 시계'를 차고 있었다. 이 시계는 경매에서 4만 2,500달러, 우리나라 돈으로 약 5,000만 원에 낙찰되었다. 경매 후, 세이코는 그 시계가 첫 출시된 1982년을 기념하며 1,982개 한정판을 출시했다. 난 이 소식을 뉴스로 보고 그 한정판 시계를 구하려고 백방으로 노력했지만 일본 내수용으로만 한정판매하고 있었기에 한국에서는 구할 수가 없었다.

그런데 이베이에서 경매 물품을 훑어보다가 우연히 이 시계를 발견했다. 시계를 구매했던 몇몇 미국인들이 경매로 내놓았던 것이다. 난 그때 처음으로 해외 경매를 시작했다. 정말 신기한 경험이었다. 다른 나라에서도 이름 모르는 몇몇 사람들이 같은 이유로 그 시계를 얻기 위해 입찰에 참여하고 있었다. 지구 반대편 사람들이 조금씩 금액을 올리면서Place bid 서로 경쟁을 하는 것이었다. 그리고 마침내 나는 그 물건을 얻을 수 있었다.

해외 직구와 경매의 장점은 한국에서 구할 수 없는 물건을 구매할 수 있다는 것이다. 내가 필요한 것과 굉장히 레어rare한 제품도 구매가 가능하다. 무엇보다 한국의 쇼핑 사이트보다 이용자가 많고 판매자도 많기 때문에 좋은 가격으로 구매할 수 있다. 그러나 이 모든 것을 떠나서, 해외에 있는 물건을 구매하면 나의 세계가 확장되는 경험을 하게 된다. 그리고 내가 배운 영어를 실제로 써먹을 수 있다. 비록 배송 지연과 가짜 상품 등과 같은 위험도 있지만,

조금만 주의하면 그렇게 많이 발생하는 사건도 아니고 혹시 문제가 생기면 문제를 해결해나가면서 나의 영어 구사력을 한층 더 높일 수 있는 기회가 될 수 있다.

나는 영양제를 우리나라 사이트에서 구매하지 않는다. 지금까지 살펴본 바로는 함량과 가격 면에서 해외 영양제 제품이 국내 제약회사들의 영양제보다 경쟁력이 더 있어 보였다. 세상 사람들에게 쇼핑의 새로운 장을 열어준 아마존에서는 매우 다양한 물건을 구매할 수 있다. 아마존의 비전처럼, 아마존에서는 '모든 것'을 얻을 수 있다(Amazon's vision is to be earth's most customer-centric company; to build a place where people can come to find and discover anything they might want to buy online).

좋은 아이템이 있으면 아마존이나 이베이에서 판매할 수도 있다. 요즘 유튜브를 보면 국내의 치열한 경쟁을 피해 해외 판매로 눈을 돌려 성공한 사례가 많다. 그들이 하는 이야기를 들어보면 해외 판매도 그렇게 어렵지 않은 것 같다.

도구는 써야 한다

영어는 기본적인 도구이다. 나는 수업을 하면서 내가 해외에서 직접 구매한(직구한) 물건에 대해 종종 이야기한다. 그건 내가 산 물건을 과시하기 위해서가 아니라 영어는 유용한 것이며 이를 통해 자신의 세계를 확장할 수 있음을 가르쳐주기 위해서다. 문제집을 풀고, 학교 내신시험과 수능, 공인영어시험, 공무원시험을 준비하면서 점점 영어에 대한 흥미를 잃어버리고 있다. 영어가 생명력을 잃은 것이다. 영어는 죽어 있는 과목이 아니라 늘 우리 일상에 살아 숨쉬는 도구가 될 수 있다는 점을 학생들에게 상기시키는 것이다.

해외직구를 하면서 판매자에게 영어로 질문을 하고 답을 기다리는 과정에서 색다른 즐거움을 찾을 수 있다. 어떤 판매자는 친절하고, 어떤 판매자는 친절하지 않다. 그들과 영어로 소통하다 보면 마치 그들이 한국인 판매자처럼 익숙하게 느껴진다. 그들도 우리와 똑같은 사람임을 이해하게 되고, 외국인에 대한 막연한 두려움도 줄어든다. 영어를 쓰는 외국인들도 우리와 같은 행성에 살고 있는 지구인이다.

39

구글을
씹어 먹다

구글링Googling이라는 표현이 있다. 전 세계적으로 유명한 『옥스퍼드 사전』에 추가될 정도로 이미 고유명사로 자리 잡았다. 구글링은 "구글 검색엔진을 이용해서 정보를 검색하는 행동"을 말한다. 이제 구글은 하나의 검색엔진이 아니라 세계적 문화의 아이콘이 되었다.

구글 검색의 특징은 이전의 다른 검색엔진들, 지금은 사라진 야후yahoo, 알타비스타AltaVista, 라이코스Lycos 등이 '특정 단어가 얼마나 많이 나오는지'로 검색 결과의 순위를 정했던 것과 달리 '특정한 페이지에 얼마나 많은 링크를 통해서 연결되고 있는가'를 기준으로 새로운 검색 결과를 내놓았다는 것이다. 즉, 사람들로부터 가장 많이 인용 혹은 링크되는 페이지를 검색하는 사람이 찾는 근접한 정보로 인식하여 화면의 맨 위쪽부터 차례로 결과를 보여주었다. 이전에 사람들이 가장 많이 찾았던 검증된 페이지부터 차례로 열거함으로써 검색 결과에 대한 신뢰를 주게 된 것이다. 구글 덕분에 사람들은 일일이 모두 클릭해서 찾아보지 않고도 신뢰성 있는 정보를 빠르게 이용할 수 있게 되었다.

구글신에게 물어봐

구글에서 찾을 수 있는 정보는 거의 무한에 가깝다. 그리고 지금 이 순간에도 정보는 계속 생산되고 있다. 그런 구글의 정보들은 대부분 영어로 되어 있다. 구글에서 검색이 가능한 전체 웹페이지의 55퍼센트가 영어로 기록되어 있다고 한다.

일반적으로 검색해서 찾을 수 있는 정보, 예를 들어 문화, 역사, 지리, 통계 자료 이외에도 세계적 학술지 또한 구글에서 검색이 가능한데, 그런 논문 자료들은 대부분 기본적으로 영어로 우선 발간된다. 심지어 자국 문화에 대한 자부심이 높은 독일과 프랑스의 학술지도 자국의 언어보다는 영어로 발간하는 비중이 높다. 그렇다면 괜찮은 자료를 구하기 위해 구글에서 한국어로 검색하는 것이 효과가 있을까, 아니면 영어로 하는 것이 효과가 있을까? 그 답은 말할 것도 없다. 영어로 검색해서 얻은 정보가 훨씬 양도 많고 질도 우수할 가능성이 압도적으로 높다.

세계에서 가장 많이 쓰는 언어는?

세계 언어의 권위 있는 정보 사이트인 에스놀로그www.ethnologue.com에 따르면, 현 세계에서 모국어로 가장 많이 쓰이는 언어는 영어가 아닌 중국어라고 한다(9억 6,000만 명). 2위는 스페인어로 약 4억 명이 사용하며, 3위는 영어로 3억 6,000만 명 정도가 사용하고 있다. 그렇다면 우리는 왜 영어를 공부해야 할까? 순위를 고려하면 중국어를 공부해야 하지 않을까?

우리가 영어를 공부해야 하는 이유는 영어가 세계에서 가장 '널리 이용되는 언어'이기 때문이다. 현재 세계 196개국에서 60개 국가가 영어를 공용어로 지정하고 있다. 그리고 그중 많은 나라가 이른바 선진국이다. 미국, 영국, 호주, 캐나다, 뉴질랜드 같은 영연방 국가뿐만이 아니라 유럽 대부분의 나라들도 영어를 제1외국어로 지정하고 있다.

현재 전 세계에서 총 13억 명 정도가 영어를 배워서 사용하고 있으며(세계에서 가장 많이 이용하고 있는 언어 1위), 이는 영어를 공부했을 때 얻을 수 있는 효과가 다른 언어를 배웠을 때보다 훨씬 크다는 것을 의미한다. 다시 말해, 전 세계의 여러 국가에서 영어가 통용되고 있고, 영어만 할 줄 알아도 그 국가 안에서 고생할 일이 상당히 줄어든다는 얘기다. 우리나라에 거주하는 원어민 대부분이 한국어를 유창하게 구사하지 못한다. 왜냐하면 그들은 영어만을 사용해도 생활하는 데 큰 불편이 없기 때문이다. 굳이 어렵게 한국어를 공부할 필요가 없다.

영어를 할 줄 알게 되면 기회가 많아지는 것은 분명하다. 일단 영어로 일을 해볼 수 있는 시장이 크다. 영어는 "사업의 언어"로 불리기도 한다. '세계화'라는 오래된 구호를 굳이 말하지 않더라도, 모든 나라들이 오늘날 촘촘히 얽혀 있다. 한 나라만 뚝 떨어져 살아갈 수 없고, 시계의 부품처럼 나라와 나라가 모두 연결되어 있기 때문에 모든 나라의 흐름을 연결해주는 공용 언어가 필요하다. 그리고 서로 간에 합의된 약속된 언어가 다름 아닌 '영어'이다. 수많은 비즈니스 미팅이 영어로 이루어지고 있으며, 계약서도 영어로 만든다. 이런 시대에 태어난 우리가 영어를 모른다는 것은 문맹과 다름이 없다.

일단 영어부터 배우자

모국어 외에 다른 언어를 구사할 줄 안다는 것은 특히나 사회생활을 할 때 엄청난 장점이 된다. 외국인과의 의사소통이 가능해지면 영어를 통해서 얻을 수 있는 정보의 양과 질에서 개인별로 엄청난 차이를 낼 수 있다. 어떤 사안에 대해서 모국어만 할 줄 아는 사람은 그 언어로 만들어진 정보밖에 구할 수 없지만, 다른 언어를 할 수 있는 사람은 같은 사안에 대해서 얻을 수 있는 정보의 양이 몇 배는 많아지게 되는 것이 당연하다. 내가 쓸 수 있는 언어가 영어라면 더욱더 양질의 정보를 얻을 수 있다. 이는 엄청난 경쟁력으로 이어질 것이다.

물론, 요즘에는 영어로 나오는 정보를 한국어로도 빠르게 접할 수 있다. 하지만, 비록 그렇게 정보가 전달된다 하더라도 어쩔 수 없이 시차가 발생할 수밖에 없으며, 이렇게 번역되어 전달되는 정보의 양은 전체 정보 중 일부에 지나지 않을 것이다. 또 번역에 따른 정확도의 문제도 있다. 내가 찾는 정보가 유명한 사안이 아닐 경우 한국어로 찾기는 거의 불가능할 수도 있다.

잘 놀기 위해서도 영어가 필수

업무적인 유용함뿐 아니라 개인적인 즐거움을 위해서도 영어는 필수다. 대중문화에 있어 지구상에 존재하는 대부분의 작품들은 영어로 되어 있거나 영어로 번역되어 있다. 현재 세계의 대중문화를 선도하는 미국의 할리우드에서 사용하는 언어도 영어이다. 마블marvel 영화나 <스타워즈> 시리즈에서 지구인들이 외계인과 대화를 나눌 때도 영어로 의사소통을 한다.

언어는 기본적으로 기회비용이 높다. 많은 시간과 노력 그리고 돈이 든다. 그런 모든 비용을 고려해볼 때 가장 효과적인 언어를 선택해서 우선적으로 공부하는 것이 좋다. 비용 대비 가장 성과가 좋은 언어가 영어이므로 일단 영어부터 공부해보는 것이 합리적인 선택일 것이다.

40
깃발 패키지여행은
이제 그만

　고등학교 때 처음 미국에 갔다. 일주일간 미국 서부지역을 도는 여행상품이었다. LA를 시작으로 유니버설 스튜디오, 라스베이거스, 그랜드캐니언, 애리조나, 샌프란시스코 등 꽤 고된 일정의 여행이었다. 첫 미국여행이니만큼 나는 무척 흥분했다. 내가 학생이었던 1990년에는 한국영화보다는 주로 할리우드 영화와 홍콩영화를 즐겨 보곤 했다. 특히 미국영화는 그 수가 압도적으로 많았는데, 영화에 등장하는 미국인들의 생활상과 학생들의 모습은 늘 동경의 대상이었다.

'어떻게 일주일에 5일만 학교에 가지?'

'어떻게 집에 넓은 마당이 있지?'

'아이들은 교복을 왜 안 입지? 옷차림은 왜 그렇게 자유롭지?'

'어떻게 고등학생이 차를 몰지?'

미국영화 속 내 또래들은 모두 동화 속의 왕자, 공주처럼 멋있고 예쁘게 보였다. 그들의 나라로 여행을 가는 것이 내게는 꿈같은 일이었다. 당시에 비행기를 타는 것도 지금처럼 쉬운 일은 아니라 친구들에게 "나 미국 간다!" 자랑하면서 여행을 떠나기 전부터 어깨에 힘을 주고 다녔다.

LA에 도착하고 공항문이 열렸다. 나는 새로운 세상을 보겠거니 기대가 컸다. 자 이제 왕자님, 특히 예쁜 공주님들이 거리에 가득 있겠지!

공항문이 열리면서 LA공항의 뜨거운 햇볕에 눈을 비비고 정면을 본 순간…… 왕자와 공주가 마법처럼 사라졌다. 주변 사람들은 모두 하나같이(적어도 내 눈에는) 덩치가 크고 살집이 많아 보였다. 나는 그렇게 일주일 동안 미국에 머물면서 나보다 다리가 얇은 여성을 한 명도 본 적이 없었다. 내가 꿈꾼 미국은, 그리고 비디오 영상에서 본 미국인들은 모두 조각처럼 잘생겼기에 모두 그런 사람만이 미국에 살고 있는 줄 알았는데, 충격이 컸다.

그 순간 생각을 다시 정리해야 할 필요가 있음을 느꼈다. 일주일

짜리 깃발여행이었지만, 가능한 한 영화에서 보여주는 동화 같은 것 말고 진짜 미국을 보고 싶었다. 일주일 동안의 이 소중한 기회를 통해 많은 것을 느끼고 이해하고 싶었다.

제대로 혀 한번 굴려볼까?

나의 영어 실력은 고1 때 이미 수준급이었다. 영어를 '과목'이 아닌 '도구'로 즐겁게 공부해왔기 때문이다. 내신공부를 따로 한 적이 없음에도 영어는 중간, 기말 할 것 없이 모두 100점을 받았다. 선생님들께서는 내게 발음이 좋다고 본문 읽기를 자주 시켰고, 덕분에 영어에 대한 자신감이 높은 편이었다.

나는 내가 알고 있는 영어를 진짜 미국인들에게 쓰고 싶었다. 영어회화 학원에서 만난 원어민들은 한국에 머물고 있는 한국사람들에게 최적화된 미국인들이었다. 그때부터 여행 내내 나는 어머니와 다투었다. 틈만 나면 사라져서 주변 동네를 어슬렁 돌아다녔기 때문이다. 어머니는 위험하다고 만류했지만, 내게는 미국의 유명한 랜드마크보다도 뒷골목의 진짜 미국이 더 궁금했다. 관광객을 모두 태운 버스가 한참을 가다가 멈추면 나는 내려서 슈퍼로 뛰어 들어갔다.

"Coke Please."

가게주인은 무심하게 콜라를 주면서 잔돈을 거슬러주었다. 나는 버스가 정차할 때마다 가게에 들어가 콜라를 사 먹었다. 그게 나의 미국 현지에서 썼던 첫 영어가 된 셈이다. 자신감이 붙은 나는 이제 맥도날드 매장으로 들어갔다.

점원: Next please(다음 손님)!

나: Can I have BIGMAC and coke(빅맥과 콜라 부탁합니다)?

점원: Would you like everything on it(버거 재료 다 넣어드릴까요)?

나: Yes, please(네, 감사합니다).

점원: For here or to go(먹고 가실 건가요, 가지고 가실 건가요)?

나: To go(가지고 갈 겁니다).

처음에는 미국인들이 하는 말을 반 정도밖에 알아듣지 못했다. 그러나 나는 어머니를 졸라 용돈을 받아 들고 이동 중에 맥도날드가 보일 때마다 들어가서 주문을 했다. 그렇게 일주일 내내 콜라와 햄버거를 질릴 만큼 먹었다. 주변 어른들의 심부름도 내가 도맡아서 했다. 내가 영어로 말하고, 또 원어민들이 나의 말을 알아듣고 반응하는 것이 너무 신기했기 때문이다. 모르는 표현은 가이드에게 알려달라고 해서 문장을 통째로 암기해 가능한 한 자연스럽게 구사하려고 노력했다.

그때는 주어, 동사의 수가 맞는지, 명사를 단수를 썼는지 복수를 썼는지는 중요하지 않았다. 처음 영어로 말을 할 때는 신경을 썼지만, 그것보다도 가능한 한 빠르고 정확하게 말해서 나의 의도를 전달하고 싶은 마음이 컸다.

일주일 동안 많은 관광지를 돌았다. 그랜드캐니언, 후버 댐, 요세미티 국립공원 등 멋진 관광지가 많았다. 그러나 내게 가장 기억에 남는 것은 버스를 타고 이동하면서 휴게소에서 짤막하게 썼던 영어와 호텔에서 머물 때 주변을 돌아다니면서 보았던 일상적인 미국의 모습이다.

아, 나도 영어를 잘하고 싶다!

미국여행을 하면서 나는 '영어를 정말 잘하고 싶다'고 생각했다. 그리고 내가 진정으로 하고 싶은 영어는 문법적으로 완벽한 영어가 아니라 현지인에게 통하는 영어임을 깨달았다. 그들의 평범한 말, 그러니까 슈퍼에서 물건을 구매하고 맥도날드에서 햄버거를 주문하는 일상적이고 툭툭 튀어나오는 말. 내가 아무리 교실에서 많은 표현을 외우고 단어를 100번씩 쓰면서 외워도 그게 자연스럽게 입 밖으로 나오지 않으면 소용이 없다는 것을 깨달았다.

미국여행 이후 나의 영어공부는 방향이 뚜렷해졌다. 그렇다고 시험용 영어를 포기할 수는 없었다. 가능한 한 학교 교재에서 나오는 영어 표현을 여러 번 읽으면서, 그리고 본문을 읽어주는 테이프를 구해 여러 번 따라 읽으면서 발음을 교정했다. 발음과 학교 성적은 아무런 연관성이 없었지만, 나는 나중에 성인이 되어서 꼭 제대로 영어를 쓰겠다는 마음으로 발음을 스스로 교정해나갔다.

대학생이 되고부터는 자유롭게 외국에 나갈 수 있게 되었다. 나는 고등학교 이후로 깃발 패키지여행을 가본 적이 없다. 모든 일정을 직접 짜서 해외로 나갔다. 해외의 유명한 관광지가 멋지기는 하지만 나의 관심사는 아니었다. 나는 여행을 갈 때 가능하면 이동거리를 줄이고 한 동네에 비교적 오래 머물면서 그 도시를 자세히 보는 것을 선호한다. 그들의 생활상을 보고 싶기 때문이다.

이런 나의 여행을 가능하게 해준 것이 바로 영어이다. 전 세계의 어느 나라에 가더라도 영어만 구사할 줄 알면 원하는 여행이 가능하다. 패키지여행을 할 필요가 없다. 호텔도 직접 예약이 가능하고, 현지 관광안내소에 가면 전단지에 그 도시에 대한 설명이 영어로 나와 있기 때문에 어려움이 없다. 요즘에는 스마트폰도 있기에 해외여행이 훨씬 더 쉬워졌다.

여행 경험의 질을 높이고 싶으면 영어를 반드시 익혀야 한다. 여

[미국여행 때의 저자]

행을 하면서 다른 나라에서 온 여행자를 만날 수도 있고, 그들과 대화하며 장벽을 허물고 새로운 친구를 사귈 수도 있다. 패키지여행이 아니라 자유로운 여행을 통해서 스스로를 통제하고 있다는 행복감도 체험할 수 있다. 이런 자유로움은 사실 별것 아닌 영어로 가능해진다.

41

영어로
우뚝 서기

예전 회사에서 함께 근무했던 미국인 친구 집에 초대를 받아서
간 적이 있다. 한국인 여성과 결혼해서 한국에서 거주한 지 8년 정
도 된 친구였다. 한국 초등학교에 다니는 아이들은 부모님의 영향
으로 자연스럽게 한국어와 영어를 능숙하게 사용할 수 있었다. 친
구가 초등학교를 막 입학한 아들에게 질문을 하는 것이 인상적이
었다.

"오늘 미국 대통령이 텔레비전에서 이런저런 연설을 했는데 너
는 어떻게 생각하니?"

우리나라 식사시간과 사뭇 달랐다. 식사할 때 말없이 먹는 것이 예의라고 교육하는 우리나라와는 달리, 친구는 아들에게 끊임없이 질문하고 주의 깊게 경청했다. 특히나 나를 놀라게 만든 것은 질문의 수준이었다. 막 초등학교에 입학한 아들에게 대통령의 연설이라니! 내가 초등학교 때는 대통령이 무슨 일을 하는지는 둘째 치고 대통령의 이름도 잘 몰랐다. 모르긴 해도, 지금의 우리나라 초등학교 1학년 또한 마찬가지일 것이다. 미국인 친구가 대통령의 연설에 대해서 질문하자, 아이는 잠시 고민하다가 자신만의 생각을 들려주었다.

나는 놀라서 친구에게 식사 때 이런 이야기를 자주 하냐고 물어보았고, 그는 그렇다고 대답했다. 채소가 많은 한국 반찬에 대해서도 대화하고, 한국 우유와 미국 우유가 어떻게 다른지에 대한 것이 최근 주제라고 했다.

요지는 끊임없는 질문이었다. 아빠가 질문을 하면, 아이는 대답을 한다. 아이가 대답을 하려면 질문 내용에 대해서 어느 정도 알아야 하고, 자신의 생각을 정리해야 한다. 아이 입장에서 아빠의 질문이 어려울 수도 있겠지만, 그럴 경우에는 스스로가 자신의 부족함을 인지하게 된다.

영어는 실용적인 언어다

영어의 논리 구조를 보면 대개 '주장하고Claim, 정당화하고Justify, 결론을 내린다Conclude.' 즉 하고자 하는 말을 먼저 하고 그 이유를 설명한 뒤 다시 주장을 요약하는 방식이다. 이러한 논리 구조는 한국사람들에게는 매우 도발적이고 직선적으로 느껴져서 불편할 수 있다. 반대로 한국어의 논리 구조는 주제를 일으켜 세우고(기), 발전시키며(승), 뒤집은 뒤(전), 결론을 내린다(결). 이야기를 끝까지 듣지 않으면 주장을 알 수 없고, 중간의 전轉에 해당하는 부분이 있기 때문에 중간부터 이야기를 들으면 논리적으로 연결이 안 되어 이해하기가 어렵다. 즉, 한국사람은 우선 인사를 한 뒤 "그런데 말입니다" 혹은 "다름 아니라"와 같은 말에 이어 본론을 시작하는데, 영어권 문화에서는 이 부분이 이해하기 힘들고 답답하게 느껴질 수 있다. 어쩌면 이런 이유 때문에 우리나라 사람들이 대화를 시작하는 것 자체가 쉽지 않고, 본격적인 '할 말'이 나오기까지 시간과 노력이 많이 필요하기 때문에 상대에게 말하기를 꺼리는 것이 아닌지 조심스럽게 추측해본다.

영어	주장하기→정당화하기→결론 내리기
한국어	기(세우기)→승(발전시키기)→전(뒤집기)→결(결론 내리기)

영어는 군더더기를 빼고 요점을 통해 자기 이야기를 분명하게 전한다. 교육도 마찬가지다. 누구 앞에서나 당당하게 자기주장을 펼치고, 자기 시간과 스트레스를 관리하며, 자기가 내린 결정의 이유를 알고, 그 결과를 예측할 수 있는 사람이 되는 것을 목표로 한다. 이런 기술을 습득하려면 어린 시절의 경험과 학습이 중요하다고 그들은 믿는다. 미국인 친구도 이를 알기에 머리가 어느 정도 굵어지는 중고등학교 때보다도 어린 시절의 학습에 더 많은 비용과 노력을 기울인다. 그리고 아이 스스로 생각하고 답을 찾을 때까지 인내심을 가지고 기다려준다.

너는 눈을 본 적이 있니?

아프리카에 살고 있는 아이들은 눈이라는 것을 본 적도, 눈을 갖고 논 적도 없을 것이다. 반대로 모스크바의 추운 나라에 사는 아이들은 천장이 열려 있고, 1년 365일 내내 방학 없이 운영되는 아프리카의 학교를 경험해보지 못했을 것이다. 1년 내내 우기와 건기를 경험하는 나라 아이들이 우리나라처럼 4계절이 있는 나라를 상상할 수 있을까? 어린 시절의 작은 경험은 성인이 되어 다른 문화를 이해할 때 결코 작은 경험으로 남아 있지 않다. 굳이 뇌의 발달 과정을 언급하지 않아도, 어린 시절의 경험일수록 더욱 강렬하게 저장된다.

영미권 국가에서는 어릴 적부터 자발적인 지적 호기심과 사회생활의 필수 요소인 포용력, 리더십 같은 것들을 몸에 배도록 만드는 교육을 한다. 그리고 그러한 교육에 도움이 되도록 관련된 장난감, 음악, 공간지각 놀이 등에 아낌없이 투자한다. 어린 시절에 많은 경험을 통해서 더 넓은 포용력을 기르도록 하는 것이다.

지금의 우리나라 아이들도 성인이 되면 영미권 사람들처럼 국제시장으로 나갈 것이다. 이미 우리나라의 여러 기업들이 더이상 한국기업이라는 말이 무색할 정도로 세계적 기업이 되었다. 2021년 삼성은 세계 브랜드 순위 5위이다. 1위는 애플이고, 월마트(6위)와 디즈니(22위), 메르세데스 벤츠(13위)는 삼성 밑에 있다. 우리나라의 경제 규모가 커지고 세계시장에서 중요한 위치를 차지하면서 외국의 많은 기업들이 한국 투자를 늘리고 있다. 앞으로 더욱 우리나라의 인재들이 해외에서 활동하는 경우도 늘어날 것이다. 책상머리에 앉아 하루 종일 공부만 하느라 어른이 되어서 낯선 곳을 두려워하고, 새로운 사람과 말을 트지 못하고, 익숙한 것만 고집하는 사람이 되지 않도록 아이들을 교육해야 한다. 영어가 학교 시험을 대비하는 과목으로만 머물지 않아야 한다.

영어머리 공부법

1판 1쇄 찍음   2021년 12월 1일
1판 1쇄 펴냄   2021년 12월 8일

지은이   김성은
펴낸이   조윤규
편집   민기범
디자인   홍민지

펴낸곳   (주)프롬북스
등록   제313-2007-000021호
주소   (07788) 서울특별시 강서구 마곡중앙로 161-17 보타닉파크타워1 612호
전화   영업부 02-3661-7283 / 기획편집부 02-3661-7284 | 팩스 02-3661-7285
이메일   frombooks7@naver.com

ISBN   979-11-88167-55-5 (03190)